EUROPE CENTRALE.

(1950) SAINT-CLOUD. — IMPRIMERIE DE Mme Ve BELIN.

EUROPE CENTRALE

ÉTUDES GÉOGRAPHIQUES ET MILITAIRES

PAR

M. CHARLES PERRIN

DOCTEUR ÈS LETTRES
PROFESSEUR AGRÉGÉ D'HISTOIRE ET DE GÉOGRAPHIE AU LYCÉE DE LYON
OFFICIER DE L'INSTRUCTION PUBLIQUE

Avec Atlas par M. HUBAULT.

PARIS,
E. BELIN, LIBRAIRE, RUE DE VAUGIRARD, 52.
LYON,
BRUN, RUE MERCIÈRE. — GIRAUDIER, PLACE BELLECOUR.
GRENOBLE. MERLE, RUE LAFAYETTE.

1861

A SON EXCELLENCE

M. LE MARÉCHAL RANDON,

MINISTRE DE LA GUERRE.

Monsieur le Ministre,

C'est dans une vallée obscure du département de l'Isère, à propos d'un tracé de chemin de fer, qu'ont pris naissance mes Études Géographiques et Militaires. Soutenues par les débats animés d'une question locale, dont vous avez suivi toutes les phases comme président du Conseil Général, elles ont recueilli leur part d'honneur et même de succès dans une péripétie conciliatrice autant qu'inattendue. Si notre ligne, la plus directe, et stratégiquement la plus forte sur Grenoble, n'a pas triomphé, c'est que l'annexion de la Savoie, en reculant nos frontières du sud-est, est venue à point pour la transformer en ligne commerciale, et diriger sur le mont Cenis et le Simplon des voies projetées sur le mont Genèvre; c'est qu'en outre, la réduction proportionnelle des tarifs a pu compenser l'excédant des longueurs. De pareilles solutions honorent l'administrateur qui les conseille et font la gloire du gouvernement qui les donne.

Je puis maintenant, sans digression prévue, continuer pour mes élèves, et spécialement pour les candidats à Saint-Cyr, la description de L'Europe physique. Je la fais en quelque sorte à la suite des généraux et des ingénieurs dont les opérations animent partout ma topographie. C'est un plan nouveau et fécond auquel notre histoire nationale se prête admirablement. Comme les Gaulois, nos aïeux, qui coururent tout le monde ancien et que nous retrouvons en Espagne, en Italie et en Afrique, en Germanie, en Grèce, en Asie Mineure, jusqu'en Egypte! nos soldats, nos marins, nos missionnaires ont porté la civilisation et la foi de leur pays dans tout le monde moderne; de Lisbonne à Pékin, des rives du Saint-Laurent et du Mississipi au Rio de la Plata!

Avec François Ier, Masséna et Bonaparte, par les routes stratégiques du Simplon, du mont Cenis, du mont Genèvre et de la Corniche; par les voies ferrées établies, en construction, résolues ou projetées à travers la grande chaîne, le

Réseau Alpique nous a ouvert déjà les portes de la Péninsule. Après l'examen critique d'un tracé de chemin de fer central, condamné à regret comme ruineux et partant inacceptable, nous sommes allés, sur les pas de Moreau, de Napoléon et de la Grande Armée, de France en Italie et en Allemagne, par toutes les voies militaires et ferrées qui convergent sur Vienne, en Moravie, en Hongrie, jusqu'aux Principautés Danubiennes. Avec Louis XIV, par la guerre de Hollande; avec la République, par la guerre pour la limite du Rhin; avec Napoléon, par les campagnes d'Iéna et de Friedland, nous irons à Bruxelles, à Amsterdam, à Berlin et à Dresde, à Varsovie, à Kœnigsberg, jusqu'à Tilsitt, en achevant la description de l'Europe centrale.

C'est le sujet de la publication actuelle, qu'avec l'Atlas militaire d'un confrère de

Paris, je viens offrir à Votre Excellence, comme au juge le plus compétent, le plus élevé et par cela même le plus encourageant de notre patrie dauphinoise.

Instruit de l'intérêt bienveillant que vous portez à mes travaux,

Je vous prie,

Monsieur le Maréchal,

D'agréer le nouvel hommage de ma considération respectueuse,

PERRIN.

Lyon, 20 mars 1861.

EUROPE CENTRALE.

I.

LE DANUBE.

1. — La vallée du Danube.

Ceinture. — Étendue. — Division en quatre bassins.

Du mont Maloïa, à l'extrémité des Alpes centrales, suivons d'un côté la ligne européenne de partage des eaux jusqu'au mont Sloïczek, en la prolongeant par des hauteurs entre le Dniester et le Pruth, et de l'autre une ligne secondaire fort importante, les Alpes orientales et helléniques, en la prolongeant jusqu'aux ondulations maritimes des Balkans; nous aurons alors une double chaîne de montagnes qui, dans leur direction générale du N.-O. au S.-E., iront, en convergeant vers le sommet, puis en divergeant vers la base d'un delta, expirer sur la mer Noire. Elle circonscrit, par un développement de 520 myriamètres, la grande vallée qu'arrose le Danube par un cours de 256. Parmi les nombreux rameaux intermédiaires qui s'en détachent et donnent au bassin général l'aspect le plus varié, il en est six qui s'avançant à la rencontre l'un de l'autre, le divisent en quatre bassins partiels.

II. — Bassin supérieur ou plateau du Danube.

Configuration pentagonale. — Cours du fleuve. — Affluents de gauche. — La Wernitz. — L'Atmühl. — La Naab. — Affluents de droite. — L'Iller. — Le Lech. — L'Isar. — L'Inn. — Son importance stratégique.

Le premier bassin, à partir de la forêt Noire où commence le fleuve, a pour ceinture au S.-E. les Alpes de Constance, Algaviennes, Grises, Rhétiques, Noriques; au N.-E. les Alpes de Souabe, le Jura de Franconie et les montagnes de la Bohême. Un chaînon méridional de ces dernières et le prolongement septentrional des Alpes Noriques, le Hausruck, forment sa limite orientale et n'y laissent aux eaux qu'un étroit passage. C'est un plateau long de 24 myriamètres, et large de 20, riche, fertile et tout allemand, qu'entoure une enceinte pentagonale sans élévation et d'accès facile au N., très-élevée et d'accès difficile au S. Le Danube, qui a réuni ses deux sources dans un marais, en suit la plus grande diagonale qu'une autre presque aussi longue, tirée de la naissance de l'Inn à celle de la Naab, couperait à son point le plus septentrional. Guéable presque partout, serré par des berges verticales qui forment un défilé continuel jusqu'au confluent de l'Iller, le fleuve s'élargit ensuite et devient navigable. C'est, ayant à droite une plaine marécageuse commandée par les montagnes de gauche, puis escarpant tour à tour ses deux rives, que dans son cours sinueux et embarrassé d'îles boisées, il va passer devant le défilé d'Abach, « la clef de toutes les opérations militaires entre l'Isar et le Danube, » et que franchit Davoust pour aller rejoindre Napoléon et couper en deux l'armée du prince Charles (1805). Une fois au sommet de l'angle très-obtus que domine le mont de la Trinité, il longe le Baierwald, n'ayant plus de route et de plaine qu'à sa droite, et arrive à son premier étranglement. Depuis l'Iller « il a passé sous vingt-sept ponts tous défendus par des fortifications ou les hauteurs de gauche. » (Lavallée.)

Trop resserré par la ligne de partage des eaux, le Danube supérieur ne peut pas recevoir à gauche d'affluent considérable, si ce n'est des deux angles formés par le Jura de Franconie avec les Alpes de Souabe d'un côté, et avec les montagnes de la Bohême de l'autre. Du premier descendent la *Wernitz*, sur laquelle fut dirigé en 1805 le mouvement de concentration de l'armée française, et l'Atmühl, « rivière torrentueuse dans les montagnes, et marécageuse dans la plaine, » qui perpendiculaire d'abord, et ensuite presque parallèle au fleuve, y tombe après un cours de 8 myr. Au sommet du second, la *Naab* prend ses trois sources, et en descend pour traverser du N. au S. des vallées rocheuses et arides, entre les bassins de l'Elbe et du Mayn qu'il unit à celui du Danube. Entre l'Atmühl et la Régen, venus de deux points opposés, elle va se réunir au fleuve après environ 10 myriamètres d'un cours en partie navigable et perpendiculaire au sien.

C'est de la droite qu'arrivent les affluents les plus remarquables : d'abord les torrents de l'*Ablach*, de l'*Ostrach* et de la *Riss*, qui se précipitent des Alpes de Constance sur les routes des villes forestières, puis l'*Iller*, qui, venu des Alpes Algaviennes par une vallée sauvage, arrose ensuite un pays riche et peuplé, dont les îles et les canaux multiplient les accidents. Après la *Gunz*, la *Mundel*, la *Suzam*, la *Schmutter* aux vallées marécageuses et boisées, nous trouvons le *Lech*, descendu encore des Alpes Algaviennes par une vallée toujours profonde, souvent étroite, serrée à droite par un escarpement très-fort, doublé dans son cours inférieur par la *Wertach*, bordé par d'autres rivières qui triplent les difficultés de son passage, où s'illustra Gustave-Adolphe (1631), et large d'au moins deux kilomètres, sans être navigable. Le *Lech* est le dernier affluent perpendiculaire au Danube, et, partant, le dernier obstacle sérieux contre une invasion occidentale. Les autres, dans la partie basse de leur cours, lui sont presque parallèles.

Laissant encore, malgré l'éclat répandu sur leurs noms, avec les bois et les marais qu'ils traversent, la *Paar*, l'*Ilm*, l'*Abens*, la *Gross* et la *Klen-Laber*, on arrive à l'*Isar*, dont nous trouvons les sources dans un prolongement des Alpes Grises qu'on appelle l'Innthal. Son lit, d'abord resserré par des montagnes impraticables, s'élargit ensuite aux dépens d'une vallée plus ouverte exposée à ses débordements; mais bientôt comme l'*Ammer*, son affluent, qu'ont formé, après deux lacs, deux ruisseaux venus du sud, il change de caractère et de direction. C'est par un angle très-aigu, à travers une région fertile, basse à gauche, élevée à droite, que cette rivière, devenue bienfaisante, arrive au fleuve après un cours de vingt-quatre myriamètres. Une ligne tirée du confluent du Lech à l'Isar, en passant par le confluent des deux ruisseaux qui forment l'Ammer, l'Isar et le cours brisé du Danube, donnent les côtés d'un rectangle fameux dans nos annales militaires.

Non moins célèbre est la ligne de l'*Inn*, qui descend du mont Maloïa, entre les Alpes Grises et Rhétiques, et creuse la vallée d'Engadine, étroite et profonde, où l'on débouche d'Italie par les trois cols de la Valteline (Maloïa, Bernina, Tchirf). Il en sort pour, tournant à l'est, entrer dans celle du Tyrol allemand, où commence une navigation difficile, serré qu'il est à gauche par l'Innthal, à droite par des hauteurs que sillonnent des torrents effroyables, déprimés toutefois par les cols de Rescha et du Brenner. La vallée s'élargit ensuite, mais entre de hautes montagnes, et sans que son lit en profite, avant de reprendre sa direction à l'est. Alors il reçoit un cours d'eau, sorti du lac de Chiem, puis la *Salza*, venue du pic des Trois-Seigneurs, et successivement par l'une des plus sauvages et des plus riches vallées des Alpes appelées de son nom Salzbourgeoises. Son lit, bientôt large de cent vingt mètres et toujours bordé de rochers, en a deux cent trente, beaucoup plus que le Danube à son confluent. C'est, qu'on veuille la forcer par le saillant parallèle à l'Innthal, ou par le rentrant parallèle à l'Hausrück, la barrière la plus formidable contre une invasion occidentale. Moreau et Napoléon n'y ont réussi qu'après deux victoires décisives dans la vaste plaine qu'elle ferme à l'est. Aussi regarde-t-on la possession du plateau danubien, contigu et parallèle aux bassins du Pô et du Mayn, comme étant d'une importance capitale pour ou contre l'Autriche. C'est le champ de bataille où s'est joué souvent le sort de sa capitale, qu'une armée en retraite peut couvrir encore, mais qu'une armée en déroute est forcée d'abandonner.

III. — Bassin milieu ou autrichien du Danube.

Montagnes de ceinture. — Cours du fleuve. — Irrégularité du territoire qu'il traverse. — Grandes iles. — Affluents de gauche. — La March ou Morava. — Importance militaire de son bassin. — Le Waag et le Gran. — Affluents de droite. — La Traun. — L'Enns. — La Trasen. — Le Raab.

Les Alpes Noriques proprement dites, entre le pic des Trois-Seigneurs et le mont Elend, ont pour prolongement au nord les chaînes du Tannen et du Hausrück. Les Alpes Styriennes les continuent au nord-est, et par le Sommering se courbent au sud-est en un grand arc de cercle qui, sous le nom de Bakonyer-Wald, expire sur la rive droite du Danube. De même, la ligne européenne de partage des eaux continuée des montagnes de la Bohême par celles de Moravie, les Sudètes et les

Carpathes occidentales ou du nord, se courbe en sens inverse par un angle presque droit, et du nœud des monts Magura et Tatra détache un rameau méridional qui, sous le nom de Czerhats, vient mourir sur la rive opposée. Les deux chaînes, séparées par le lit du fleuve seulement à leurs extrémités, forment la ceinture d'un bassin nouveau ou du milieu qui appartient tout entier à l'Autriche.

De son étranglement occidental, qui se continue par un défilé redoutable, jusqu'à un rétrécissement secondaire formé par le Wienner Wald et le Wild Gebirge, contre-forts des deux chaînes, le Danube décrit un arc de cercle faiblement prononcé et concentrique au Boehmerwald. Ayant à traverser un territoire des plus irréguliers, qui lui permet quelquefois de s'étendre jusqu'à 2,500 mètres par des bras et des îles, et quelquefois le réduit à un lit unique de 150, n'ayant pas à sa rive gauche, serrée par les montagnes, de route parallèle praticable, longé sur sa droite par une seule route latérale difficile, le fleuve ne peut offrir sur plusieurs points qu'une navigation dangereuse. Mais on le voit ensuite, dans une vaste plaine qu'entoure une enceinte très-élevée, s'élargir jusqu'à 4 kilomètres en multipliant ses bras autour d'îles nombreuses et même célèbres comme celle de Lobau. Décrivant ensuite un arc de cercle beaucoup plus court et concentrique au mont Kahlenberg, il s'avance vers le petit Carpathe et un contre-fort du Sommering, qui ne produisent un rétrécissement nouveau de la plaine, connue à gauche sous le nom de Marchfeld, que pour lui en ouvrir une autre qu'il inonde quelquefois sur 40 myriam. carrés. Il y forme, au moyen des deux bras secondaires, l'un septentrional ou Neuhausel, l'autre méridional ou Wieselbourg, les deux îles de Schütt, dont la plus grande fut le *Ring* ou camp des Avares. Mais, après leur réunion et le confluent du Gran, le fleuve entre dans un autre défilé, où la rencontre des monts Czerhats changera sa direction. Les deux rives, depuis le confluent de l'Inn jusqu'à celui du Gran, ne sont réunies que par sept ponts.

Le bassin du milieu, contrairement à celui qui le précède, a ses grandes rivières comme ses grandes plaines sur la gauche du Danube. Laissant, avec leurs défilés impraticables, les torrents méridionaux du Boehmerwald, nous remarquerons la *Kamp* qui, par un cours sinueux de 12 myriamètres, en général parallèle au fleuve, y descend des montagnes de la Moravie. Du Schneeberg, nœud de cette chaîne, des Sudètes et du Riesen-Gehirge, tombe la *March* ou *Morava* qui arrose les plaines de ce nom. Elle va porter au Danube, en s'épanchant péniblement à travers les prairies et les bois, ses eaux marécageuses doublées par la *Thaya* qui lui vient de l'ouest, grossie de l'*Iglawa*. Entre la *Schwarza*, affluent de cette dernière, et le ruisseau de *Littawa* qui forme les étangs de Menitz, s'élève le plateau de Pratzen que longe le *Godbach*, et que domine au nord le mont Bosenitz. Non moins célèbre est le ruisseau du Rusbach qui traverse le Marchfeld et que dominent à gauche les hauteurs de Wagram. Dans sa forme rectangulaire le bassin de la Marck, contigu à ceux de l'Elbe et de l'Oder, est de la plus haute importance militaire comme grand chemin d'invasion ou de retraite entre la Prusse et l'Autriche. Du point de rencontre des monts Magura et Tatra, le *Waag* grossi de l'*Arva* descend, rapide et encaissé, entre le petit Carpathe et le Erze-Gebirge hongrois. Célèbre dans la guerre de Trente ans pour avoir séparé pendant un mois Valdstein et Ernest de Mansfeld, cette rivière finit comme la *Neitra* dans le Neuhausel, après un cours demi-circulaire de 32 myriamètres. Le cours du *Gran*, son parallèle, n'en a que 20.

Le premier affluent de droite est la *Traun* qui a ses deux sources dans les hautes montagnes du Hausrück et de Rastadt. Son cours de 12 myriamètres, dangereux, rapide, quelquefois navigable, en fait, à cause des torrents qu'elle reçoit, des lacs et des chaînes qu'il traverse, une bonne ligne militaire. On en peut dire autant de l'*Enns*, venu du mont Elend, par un défilé si étroit que la rivière y forme un lac d'où elle sort pour recevoir la *Salza* orientale, couler encore entre deux murailles de montagnes, et, grossie de la *Steyer*, finir perpendiculairement au fleuve. Les cinq torrents qui forment la *Trasen* ont leurs sources dans le revers occidental du Wienner Wald. Du revers oriental descend la *Leitha*, dont le cours lent et sinueux, de 24 myriamètres, se termine dans le Wieselbourg. Là aussi finit le *Raab*, après avoir, dans son cours demi-circulaire, traversé un pays des plus marécageux. Là finit encore la principale dérivation d'un marécage immense ou lac de Neusiedel. On l'appelle le *Rabnitz*.

IV. — Troisième bassin ou plaine du Danube.

Ceinture quadrilatérale. — Étendue. — Cours du fleuve. — Iles. — Affluents de gauche. — La Theiss. — Affluents de droite. — La Drave. — La Save. — La Bosna. — La Morava.

Les Carpathes du sud et le Veliki-Balkan, ou montagnes de Servie, rameau septentrional du mont Scardo, forment en se rencontrant sur le Danube un troisième et remarquable défilé, qu'à tort on appelle quelquefois le Demir kapi. Dans leur direction parallèle aux monts Kzerhats et au Bakonyer-Wald, ils forment la limite orientale d'un nouveau bassin, dont les Carpathes du centre et une partie de celles du nord, une partie des Alpes orientales, et les Alpes Illyriennes ou Dinariques, achèvent la ceinture quadrilatérale. C'est une plaine immense, généralement insalubre, qui comprend environ la moitié du bassin total, et dont les marais couvrent plus de 250 myriamètres carrés. Des sources du *Maros*, sommet de l'angle formé par les Carpathes du centre et du sud, aux sources de la *Drave* ou pic des Trois-Seigneurs, la plus grande diagonale du quadrilatère dépasserait 100 myriamètres. Le fleuve, qui a brusquement tourné à angle droit, la coupe du nord au sud-est en deux parties presque égales, coulant dans un lit vaste et profond. Il peut porter des vaisseaux de quarante canons jusqu'à son partage en deux bras qui enveloppent l'île de Czépel, puis, réunis en sortant d'une plaine marécageuse, vont se reformer plus loin pour envelopper celle de Mohacs, dont le voisinage est fameux par le désastre de Louis de Hongrie, le dernier des Jagellons (1526). A son confluent avec la Drave, il reprend sa direction primitive du sud-est, et la rencontre du Veliki-Balkan ne le rejette momentanément au nord que pour l'étrangler avec les Carpathes méridionales entre deux rocs de 300 mètres d'élévation, et le précipiter en tourbillons écumeux dans les gorges effroyables des Portes-de-Fer.

Des deux affluents que le Danube reçoit à sa gauche, le plus petit est le *Temès*, originaire de la partie extrême des Carpathes du sud, presque au débouché des Portes-de-Fer. Les marécages qu'il traverse dans un cours demi-circulaire permettent à peine de distinguer le lit principal au milieu de ses canaux et de ses dérivations. Le plus important est la *Theiss*, dont le cours, en général parallèle au fleuve, n'a pas moins de quatre-vingt-douze myriamètres. Née dans les Carpathes du centre, par deux sources, aux monts Pietros et Czorna, derrière le Pruth et le Sereth, cette rivière, pendant sa direction de l'est à l'ouest, reçoit, des Carpathes du centre, les trois cours d'eau qui forment le *Szamos*, et des Carpathes du nord, les six cours d'eau qui forment le *Bodrog*. Pendant sa direction du nord au sud, elle reçoit à droite le *Hermath* et le *Zagyva*, et à gauche le *Koros* et le *Maros;* le dernier venu par le plateau de Transylvanie, « ce bastion avancé de l'Autriche entre les principautés moldo-valaques, » et né derrière l'Aluta qui semble un moment appartenir au même bassin. Ces rivières, presque toutes et partout navigables, ont un autre caractère analogue, celui d'un cours sinueux et embarrassé à travers des marais souvent impraticables. On remonte seulement la Theiss qui, d'après les Hongrois, ne contient guère plus d'eau que de poissons, jusqu'au confluent du Maros, et pourtant bien au-dessus de celui du Szamos elle porte encore bateau. Toutefois, à travers la plaine basse mais solide qui les sépare, le fleuve et son grand affluent sont réunis par le canal François que sillonnent onze cents navires (1). Pendant sa direction du nord au sud, le Danube ne reçoit à sa droite qu'un seul affluent, si toutefois on peut donner ce nom au *Sio*, écoulement fangeux du lac Balaton, qui n'a pas moins de soixante kilomètres de longueur sur une largeur de douze. Il n'en est plus de même à partir de sa direction de l'ouest à l'est.

---

(1) Malte-Brun.

Nous y trouvons d'abord la *Drave*, originaire du pic des Trois-Seigneurs, grossie de la *Mühr*, née au mont Elend. Leur cours supérieur, torrentueux et rapide à travers les gorges difficiles où Soliman effectua sa pénible retraite devant Charles-Quint (1532), a une importance stratégique de premier ordre. C'est là qu'a lieu nécessairement la jonction des armées qui marchent ou se retirent simultanément sur Vienne par le Danube et le Pô. Mais, dès leur confluent, la pente des eaux déjà navigables diminue rapidement et les marécages commencent. Outre les Alpes de Croatie et d'Esclavonie, prolongement oriental des Alpes Carniques d'un côté, et de l'autre des Alpes Juliennes et Dinariques, la *Save*, née au mont Terglou, roule lentement « sur un lit d'argile, mêlé de sable et de grès, ses eaux bientôt navigables et souvent encaissées par des digues. » Comme la Drave sa parallèle, la Save finit par des débordements et des marécages après un cours de plus de soixante myriamètres, grossie à droite par la *Kulpa*, l'*Unna*, le *Verbas*, la *Bosna* et le *Drin*. Le pays que sillonnent ces quatre rivières, descendues des Alpes Dinariques en roulant des paillettes d'or, est presque inaccessible, coupé qu'il est par des bois magnifiques et des défilés à peine connus que Napoléon se proposa d'exploiter pour sa marine et d'ouvrir par son armée (1). C'est le boulevard de l'empire ottoman, qui se crut perdu le jour

---

(1) Malte-Brun.

où, par une marche hardie, le prince Eugène l'en sépara en remontant la *Bosna* (1697). Des deux rivières qui forment la Morava et descendent du Scardo, celle de l'ouest traverse un pays montueux et sauvage, l'autre arrose des plaines mamelonnées, entre autres celle des *Merles*, qui furent le théâtre de luttes sanglantes et prolongées entre les Turcs et les Serviens, et reçoit la *Nissava*, où débouche un défilé du Véliki-Balkan, et sur laquelle aussi les Impériaux défirent les Turcs (1689).

Bassin inférieur du Danube.

Ceinture. — Cours du fleuve. — Affluents. — L'Aluta. — Le Sereth. — Le Pruth. — L'Iskar.

Entre les Carpathes méridionales, les Carpathes du centre et leur prolongement par les hauteurs du S.-E. d'un côté, et de l'autre les montagnes de Servie, les Balkans et leur prolongement par les hauteurs du N.-E. ou monts de Silistrie, s'étend un pays plat, inondé et marécageux aux abords du fleuve, sec, montueux et difficile aux abords de la ceinture, fertile mais mal cultivé partout. C'est le quatrième et dernier bassin du Danube, dont le lit très-large et coupé d'îles n'a pas moins, par ses bras, de 20 kilomètres en largeur, et recevrait quatre ou cinq navires naviguant de front. Sa direction, en arc de cercle concentrique aux Carpathes, change de nouveau et tourne à l'est au confluent du *Sereth*. Partagé d'abord en deux bras qui forment un delta marécageux, il arrive à la mer à travers la Dobrustcha par plusieurs bouches, dont les principales, la *Kilia* et la *Sulina*, sont à peine navigables.

C'est par la gauche qu'arrivent ses affluents les plus considérables. Ce sont, après le *Schyl* son parallèle, l'*Aluta*, né sur le revers occidental des Carpathes comme pour tomber dans le *Maros*, mais qui tourne au midi, et réussit à se frayer, par la brèche ou défilé de la Tour-Rouge, un passage dans le quatrième bassin. Après la *Dombrovitza* et la *Jalomnitza* nous trouvons le *Sereth* grossi de la *Moldava*, né comme elle derrière le Szamos et la Theiss, enfin le *Pruth* sur lequel Pierre le Grand fut enveloppé par les Turcs (1711). Leur cours supérieur baigne sur le revers oriental des Carpathes un pays fertile et pittoresque, la Bukkovine dont s'est emparée l'Autriche pour avoir, contre les principautés et contre la Russie, une ligne supérieure et militaire de communication entre ses provinces de Gallicie et de Transylvanie.

L'*Iskar*, à droite, conduit par ses deux sources aux portes de Trajan, et au soulou Derbend, défilés des Balkans ouverts sur la Roumélie et la Macédonie.

VI. — Importance stratégique et politique de la vallée du Danube.

Belle position de l'Autriche.

Le bassin du Danube, contigu à la plupart des autres, dont un seul, celui du Pô, lui est parallèle, ferait de la puissance qui le posséderait en entier et l'exploiterait avec intelligence l'Etat prépondérant de l'Europe continentale. En effet, ce grand fleuve, dont la vallée, susceptible de presque toutes les cultures, renferme dans les régions supérieures les minéraux les plus utiles et les plus précieux, la coupe transversalement dans la plus grande partie de son étendue. Par lui-même ou ses affluents, par la mer qui le reçoit, et les cols de sa ceinture culminante, il ouvre dans toutes les directions des débouchés naturels. Les Romains durent se contenter de la rive droite pour couvrir leur domination au nord; car, sur la gauche, ils ne purent garder deux siècles la Dacie Trajane ou Transylvanie. Le seul vrai roi du Danube a été celui des Huns, *le fléau de Dieu*, Attila, qui, au centre, plus tard occupé par les Avares et les Hongrois, fonda pour sa capitale une ville de bois. Aussi vit-on le maître redouté du continent ancien dans le Nord, depuis la muraille de la Chine jusqu'au Rhin, tomber successivement et sans obstacle sur l'empire romain d'Orient, sur la Gaule, sur l'Italie. Le souverain des Espagnes, des deux Amériques, des Pays-Bas et de l'Italie, Charles-Quint n'eut guère que les deux premiers bassins du Danube. Il aurait peut-être asservi l'Europe à la maison d'Autriche, malgré la France et les protestants, sans la diversion de leur terrible auxiliaire, Soliman, venu du dernier bassin, qui occupa le troisième, et assaillit le second.

Du bassin total, dont un tiers à peine est allemand, l'Autriche, sans avoir ni les sources, ni les bouches, possède aujourd'hui plus de la moitié. Par la dépression immense des Carpathes du centre, que commandent comme deux citadelles colossales les Carpathes du sud et du nord, par les sources de l'Aluta, du Sereth, du Pruth, du Dniester, de la Vistule, de l'Oder et de l'Elbe, elle semble dominer la Moldo-Valachie et la Pologne, menacer la Russie et la Prusse, et pèse sur la Saxe. Par les montagnes de la Bohême et le cours de l'Inn, elle étreint la Bavière et menace la Suisse. Par le Mincio et les bouches septentrionales du Pô, par le cours de l'Adige, des sept rivières et de la Save, elle tient encore une partie de l'Italie et menace l'empire ottoman. Cette position magnifique de la maison de Lorraine, déjà éloignée du Rhin et dépouillée de presque tout le bassin du Pô, est bien dangereuse quand on la doit aux succès de la diplomatie plutôt qu'à celui des armes, à l'antagonisme plutôt qu'aux sympathies des peuples et des gouvernements.

II.

LE RHIN.

I. — Ceinture, étendue et division du bassin.

Le bassin du Rhin, en y comprenant ceux de la Meuse et de l'Escaut qui finissent dans le même estuaire que ses deux bras méridionaux, a pour ceinture depuis le Saint-Gothard, 1° à gauche : la ligne européenne de partage des eaux jusqu'au plateau de Langres, l'Argonne, les Ardennes occidentales et les collines de l'Artois jusqu'au Pas-de-Calais; 2° à droite : la ligne de partage des eaux jusqu'au nœud du Fichtel-Gebirge, le Frankenwald, le Vogel-Gebirge et son prolongement par des ondulations presque imperceptibles jusqu'au Zuiderzée. C'est un vaste territoire dont l'aspect, le climat et les productions sont des plus variés. Dans sa direction longitudinale du sud au nord, le fleuve le traverse par un cours de 130 myriamètres. Les accidents généraux du sol nous le feront diviser en trois parties bien distinctes : le *Rhin supérieur* ou *helvétique*, le *Rhin moyen* ou *franco-allemand*, le *Rhin inférieur* ou *hollandais*.

II. — Rhin supérieur ou helvétique.

Configuration presque circulaire du bassin. — Cours du fleuve. — Le lac Boden ou de Constance. — Affluents de droite. — L'Ill et le Stokach. — Affluents de gauche. — La Thur. — L'Aar et la Thielle. — Le lac de Neuchâtel. — La Reuss. — La Limmat.

Du Jura septentrional et de la forêt Noire, dont le fleuve sépare les extrémités, deux sections de la dorsale européenne se courbent en arcs de cercle, plus ou moins réguliers, qui vont se réunir aux Alpes centrales. Cette arête épaisse de montagnes, élevées au sud jusqu'à plus de 4,000 mètres, abaissées au nord jusqu'à 150, forment l'enceinte du plateau helvétique et culminant de l'Europe que nous appellerons le premier bassin ou le bassin supérieur du Rhin. C'est un énorme et vaste massif de forme arrondie, hérissé de pics, en partie couvert de lacs et sillonné de rivières, sans autres plaines que leurs vallées étroites, bien que parfois on donne ce nom à la région occidentale, sans doute par opposition à celle plus montueuse et moins praticable de l'est.

Trois rivières, dont deux occidentales venues du Saint-Gothard entre deux chaînes de glaciers, l'autre orientale venue du mont Septimer par la *via Mala* que suivit Macdonald (1800), se réunissent à l'extrémité des Alpes d'Uri et forment le Rhin qui prend ensuite la direction du nord, toujours serré à gauche par des montagnes qui ne lui donnent aucun affluent, mais s'éloignant des Alpes Grises qui à droite lui en fournissent plusieurs, il arrive après un cours de 12 myriamètres au lac Boden ou de Constance, d'où il ne sort qu'après 8 par celui de Zell qu'une presqu'île sépare de celui de Ueberlingen. Alors il tourne à l'ouest jusqu'à la rencontre d'un chaînon abaissé des Alpes qui se croise avec un rameau de la forêt Noire et le précipite au sud par une cascade de 15 à 20 mètres, après laquelle il devient navigable. A partir du confluent de la *Toss*, il reprend sa direction occidentale jusqu'à celui de la *Birse*, où pressé par un contre-fort du Jura septentrional, il tourne brusquement au nord. De sa source à son coude, le Rhin dans son cours presque circulaire forme au massif de la Suisse contre le Tyrol et la Souabe une bonne ligne de défense dont le lac Boden protége très-bien le centre. Masséna s'en est admirablement servi en 1799.

Il a pour affluents, à droite, avant son entrée dans le lac Boden, les torrents de l'*Albula*, du *Lanquard*, et de l'*Ill* : ce dernier remarquable comme ouvrant une communication avec l'Inn supérieur. Des ruisseaux qui arrivent au lac de Constance, le plus célèbre est le *Stokach*, sur lequel deux batailles se sont livrées (1799, 1800). C'est une ligne militaire inévitable pour qui, du coude du Rhin au lac, veut pénétrer sur le haut Danube.

A gauche nous ne mentionnerons la *Thur*, la *Toss* et le *Glatt* que pour indiquer leur direction parallèle au

Rhin à travers un pays difficile, qui fut habilement défendu en 1799. L'*Aar*, qui après un cours de 40 myr. doit porter au fleuve une masse d'eau plus considérable que la sienne, descend des glaciers du Finster-Aarhorn à l'extrémité orientale des Alpes Bernoises. Elle se dirige au N.-O. en arc de cercle, pour tomber dans le lac de Brienz, et le traverser, ainsi que celui de Thun, par un autre en sens inverse. De là son cours sinueux, mais en général dans la direction du S. au N.-E., va finir en se précipitant à travers des rochers, sur le même méridien que sa source en face du *Wutach*, venu de la forêt Noire et des Alpes de Constance. Elle reçoit à gauche le *Simmen*, grossi de la *Kander*, la *Sarine*, grossie de la *Sense*, et la *Thielle*, sortant du lac de Bienne, après avoir traversé celui de Neuchâtel long de 32 kil. et large de 8, où tombe l'*Orbe*, venu du lac de Joux, et la *Broye*, venue de celui de Morat. A droite ce sont : l'*Emmen*, venu des monts de Brientz, et le *Suren*, sorti du lac de Sempach. La *Reuss*, née au mont Saint-Gothard, dont elle ouvre au N. la route célèbre par ses abîmes effroyables, le *trou* d'Uri, le pont du Diable et la marche de Suwarow, traverse le lac des Quatre-Cantons, reçoit les eaux de celui de Zug, et, coupant la Suisse par le milieu, établit la communication la plus sûre et la plus courte d'Italie en Allemagne. La *Limmat* descend, sous le nom de *Linth*, du mont Dodi, se grossit à droite des eaux du lac de Wallenstadt, traverse en tournant au N.-O. ceux de Rapperschwil et de Zurich, et s'accroît du *Sill* pour tomber dans l'*Aar* à angle droit. Son cours rapide, ses bords marécageux, dans un pays coupé de montagnes ravineuses et de collines boisées, en ont fait avec la haute Reuss la ligne militaire la plus formidable que les efforts réunis de trois armées austro-russes ne purent enlever à Masséna. Au sommet de l'angle formé par le Jura helvétique et le Jura septentrional naît la *Birse* qui, parallèlement à eux, coule au N.-E., et recevant tous les débouchés de la France, finit au coude du Rhin. C'est sur ses bords que le Dauphin, plus tard Louis XI, gagna sur les Suisses la bataille désastreuse de 1444.

III. — Rhin moyen ou franco-germanique.

Ceinture et forme quadrilatérale du bassin. — Les Vosges et la forêt Noire. — Cours du fleuve. — Affluent de droite. — La Kintzig et la Renchen. — Le Necker et le Mayn. — Leur importance comme chemins de communication du Rhin à l'Elbe et au Danube. — La Lahn. — La Ruhr et la Lippe. — Affluent de gauche. — L'Ill. — La Moder et la Lauter. — La Nahe. — La Moselle. — Son importance comme double chemin d'invasion entre la France et l'Allemagne centrale.

Le bassin du Rhin moyen ou *franco-germanique* est formé à gauche par la ligne de partage des eaux jusqu'aux sources de la Saône, dans les monts Faucilles, par l'Argonne et les Ardennes orientales; à droite par la ligne de partage des eaux jusqu'aux sources du Mayn, par le Franken Wald, le Wogel Gebirge et ses prolongements occidentaux. Il s'étend du sud au nord depuis son coude ou le confluent de la Birse jusqu'au confluent de la Lippe, et de l'est à l'ouest depuis l'Oksenkopf, point de rencontre du Jura de Franconie et du Franken Wald, jusqu'au point de rencontre de l'Argonne et des Ardennes orientales. Cette région, une des plus riches et des plus peuplées de l'Europe, figure assez bien un grand quadrilatère, dont les points extrêmes et opposés forment, à égale distance, les divers sommets, et le cours du fleuve une diagonale.

Plusieurs chaînes, parallèles à sa direction, se séparent de ses affluents principaux. Les plus remarquables sont à gauche, les Vosges; à droite, la forêt Noire, qui le séparent de la Moselle et du Necker, et l'enferment dans une longue et étroite vallée non moins fertile que pittoresque. De même élévation, c'est-à-dire avec une hauteur moyenne de 900 mètres et des points culminants de 1,430 au ballon de Guebvillers et au Feldberg, de même composition et de même importance militaire au sud, elles coulent au nord en s'abaissant graduellement sur une longueur de 28 myriamètres pour la première et de 20 pour la seconde. Leur plus grande épaisseur n'atteint pas sept. Leur pente la plus rapide est du côté du Rhin.

En quittant la Suisse, le fleuve change brusquement de caractère comme de direction. C'était tout à l'heure un torrent impétueux tourmenté par les montagnes. C'est maintenant une belle masse d'eaux navigables depuis leur grande chute, donnant de nombreuses dérivations, minant et changeant ses rives qu'un lit fort large et couvert d'îles boisées unit plutôt qu'il ne sépare, tant le passage en est facile. Jusqu'au confluent du Mayn, son cours, bien que sinueux, conserve sa direction générale du nord. Mais à partir de ce point il coule à l'ouest jusqu'au confluent de la Nahe dans une vallée magnifique, bordée à quelque distance par des coteaux que leurs vignobles ont rendus fameux. Embarrassé de bancs et d'îles rocheuses, il prend ensuite la direction du nord-ouest, resserré des deux côtés par les montagnes de l'Hundsrück et du Taunus, qu'il semble avoir coupées jusqu'au confluent de la Moselle, où s'élève pour 100,000 hommes un camp retranché de la Prusse. Enfin, par un territoire montueux coupé de bruyères et de sables à droite et de canaux à gauche, il va recevoir la Lippe pour quitter ensuite le sol allemand. A droite le Rhin du milieu reçoit du revers occidental de la forêt Noire l'*Eltz*, né derrière les sources du Danube, et dont un affluent, le *Treisam*, né derrière celles du Wutach, ouvre le val d'Enfer; la *Kintzig*, qui ouvre le col de son nom et prolonge vers la France la voie la plus directe venue du haut Danube par le col de Rothweil; la *Renchen*, débouché du col de Freidenstadt, dont les savantes manœuvres de Turenne et de Montécuculli (1675) ont rendu la vallée fameuse, comme la victoire de Moreau (1796), celle plus étroite et plus difficile de la *Murg*, sa parallèle, débouché du col de Pfortzheim. Du revers opposé de la forêt Noire à son point de jonction avec les Alpes de Souabe, descend le *Necker* grossi à gauche de l'*Enz* et de l'*Eslatz*, à droite de la *Fils*, du *Kocher* et du *Jaxt*. Son bassin triangulaire, dont il sort par le sommet en séparant l'Oden du Schwars Wald, est un pays très-coupé, fertile et populeux, que ses communications nombreuses autant que faciles, comme le prouve la campagne d'Austerlitz, ont fait appeler le grand chemin de la vallée du Danube.

Là encore, mais par une voie indirecte et plus difficile, comme le démontre la campagne de Jourdan (1796), conduit une région circonscrite par l'Oden et le Steiger Wald, le Jura de Franconie, le Franken Wald, le Vogel Gebirge et le Taunus. C'est la vallée du *Mayn*, inaccessible à son origine du côté de l'Ochsenkopf, mais partout ailleurs sillonnée de routes en tous sens. Cette rivière, la seule de l'Allemagne qui avec le Danube coule parallèlement à l'équateur, descend du Fichtelberg, et reçoit dans son cours irrégulier et sinueux : à gauche, la *Regnitz* grossie de la *Rezat*, et réunie à l'Atmüth par le canal Louis ou de Charlemagne, et plus loin la *Tauber*; à droite, la *Saal*, la *Kintzig* et la *Nidda*, venues, la première du *Gleichberg*, les deux autres du Vogel Gebirge parallèlement au Taunus. Ligne médiocre de défense de l'Allemagne méridionale contre celle du nord, comme le prouve la campagne de Gustave-Adolphe, elle est de la plus haute importance, tournant le Rhin inférieur et le Weser, comme voie de communication sûre, directe et facile entre les vallées du Rhin moyen et de l'Elbe, ainsi que le témoignent la campagne d'Iéna et la retraite de Leipsick. Du Wester Wald et de l'Egge Gebirge descendent encore six affluents parallèles beaucoup moins considérables, car ils sont guéables partout, la *Lahn*, la *Sieg*, la *Wied*, la *Wipper*, la *Rühr* et la *Lippe*. Leurs bassins, celui de la Lahn surtout, furent le théâtre d'une lutte prolongée plutôt que savante entre les Anglo-Allemands et les Français pendant la guerre de Sept ans. Ils nous intéressent davantage par celle de Charlemagne contre les Saxons Westphaliens, par l'exploitation des mines et l'industrie du fer qui enrichissent sa nombreuse population encore allemande. C'est à la gauche du Rhin moyen seulement que nous trouverons une population et des rivières françaises.

Du sommet de l'angle formé par deux rameaux extrêmes du Jura septentrional, descend l'*Ill* parallèlement à la Birse, et perpendiculairement au col de Valdieu ou trouée de Belfort. Cette rivière reçoit des Vosges le *Fecht* et le *Brusche*, et à 15 myriamètres de sa source termine un cours longtemps navigable et parallèle au Rhin. De la même chaîne, mais perpendiculairement au fleuve, descendent la *Moder* grossie du *Zorn*, sur lequel débouche le col de Saverne, et la *Lauter* que suivent les fameuses lignes militaires de Weissembourg. Les derniers affluents venus du revers oriental, la *Queich* et le *Spirebach* coulent dans la même direction.

La *Nahe*, originaire de l'Idar Wald, suit une diagonale du bassin quadrangulaire circonscrit par le double prolongement septentrional des Vosges, le Hardt et l'Hundsrück. Sur le revers occidental des Vosges méridionales, là où commencent les monts Faucilles, derrière l'Oignon et la Savoureuse, affluents de la Saône et du Doubs, naît la *Moselle*, qui d'abord coule au nord-ouest, puis tourne au nord-est et termine un peu au-dessous du confluent de la Lahn son cours de 46 myriamètres. C'est un arc de cercle faiblement prononcé, concentrique aux Vosges et à l'Hundsrück, excentrique à l'Argonne et aux Ardennes orientales, qui forment la ceinture du bassin. Sinueuse et paisible en France, c'est-à-dire pendant 26 myriamètres, et comparable à un canal artificiel conduit à travers les prairies, la rivière s'écoule ensuite péniblement à travers les rochers et les bois sur un territoire allemand aux communications rares et difficiles. Elle est navigable depuis le confluent de la *Meurthe*, qui vient du revers occidental des Vosges, comme la *Seille* et la *Sarre* grossie de la *Blies*. Des Ardennes septentrionales descend l'*Alzette*, grossie de la *Sure* dans la partie la plus large de la vallée inférieure. La Confédération germanique tient en outre dans la partie la plus resserrée, entre les deux arcs opposés de l'Hundsrück et des Ardennes, deux portes ouvertes sur la France, qui du même côté, c'est-à-dire à droite et à gauche de la Moselle, peut rendre ou prévenir l'invasion. C'était même, on peut le dire, quand nous possédions presque en entier le cours de la Sarre, notre grand chemin de l'Allemagne centrale.

IV. — Rhin inférieur ou hollandais.

Pays-Bas. — Cours du fleuve. — Vieux Rhin. — Ses dérivations de gauche. — Le Wahal et le Leck. — Affluent unique. — La Meuse. — Son cours, ses bras et ses iles. — Rivières qu'elle reçoit. — Le Chiers et la Semoy. — Le Viroin et la Sambre. — L'Ourthe et la Roër. — La Dommel et le Merk. — Appendice occidental ou bassin du Rhin. — L'Escaut. — Son cours, ses bouches et ses îles. — Ses affluents. — La Rouelle et le Haisne. — La Scarpe et la Lys. — La Dender et la Rupel. — Dérivations rhénanes de droite. — Le Vecht et l'Amstel. — L'Issel. — Appendice oriental ou bassin du Rhin. — Le Vecht. — Le Laurver. — La Hunsé et l'Ems. — Force défensive du delta hollandais. — Importance et morcellement politique du bassin général du Rhin.

Le Rhin, après le confluent de la Lippe, prend une direction plus prononcée à l'ouest pour entrer dans un bassin nouveau, le troisième ou hollandais. Celui-ci n'est plus une vallée, car il est dépourvu de ceinture, mais un territoire large, plat, entièrement ouvert, que les eaux presque immobiles du fleuve et celles plus agitées de la mer inonderaient partout, si elles n'étaient maintenues par des digues à un niveau supérieur au sien, quelquefois de dix mètres. Le sol naturellement insalubre, bien que marécageux et couvert de bruyères sur plusieurs points, n'en est pas moins en général d'une grande fertilité qu'il doit à la canalisation industrieuse et patiente des habitants. Le *Rhin* proprement dit, ou vieux *Rhin* lui-même n'apparaît plus comme un fleuve dès le milieu de son cours inférieur. C'est un maigre ruisseau dont une violente tempête avait ensablé l'embouchure au ɪxᵉ siècle, un filet d'eau bourbeuse auquel un fossé a rouvert, au xɪxᵉ, l'Océan germanique. Les nombreuses dérivations qui l'ont épuisé reçoivent ou grossissent tous ses affluents. La première à gauche, sous le nom de *Wahal,* coule directement à l'ouest et se réunit à la *Meuse* pour s'en séparer ensuite, s'y réunir de nouveau, et fournir avec elle l'île de Bommel. Le second, qui avec lui enferme le Betaw, est le *Leck,* son parallèle, dont les deux bras forment l'île d'Isselmond, et se réunissent encore aux bouches de la *Meuse.*

Cette rivière, qu'à tort on appelle un fleuve, est l'affluent à peu près unique du *Rhin inférieur.* Née au plateau de Langres, à son point de rencontre avec les monts Faucilles, elle descend au nord-ouest dans une longue et sinueuse vallée, d'abord très-étroite entre les doubles hauteurs de l'Argonne, plus large ensuite entre les doubles hauteurs des Ardennes, entre les collines de Belgique et de l'Eifel Gebirge. Mais c'est par un plan presque horizontal, encaissée par des digues, qu'elle va, enveloppant de ses bras, dont le plus septentrional conserve son nom, le lac marécageux aujourd'hui presque desséché du Biesboch, les îles de Beyerland et de Voorne, et celle d'Ower Flakkée, finir dans la mer du Nord par plusieurs embouchures. Son cours de 82 myriamètres, navigable sur soixante, décrit successivement et en sens inverse trois courbes assez remarquables. La première longe, en arc de cercle faiblement prononcé, l'Argonne occidentale, et des Ardennes orientales reçoit le *Chiers*, cours d'eau français, bien encaissé et profond, ligne militaire fortifiée, de défense facile et parallèle à la frontière. La seconde très-irrégulière et moins rapprochée de la double forêt tourne au nord-est, en arc de cercle un peu plus prononcé, et par la droite reçoit en France la rivière belge de la *Semoy*, encaissée comme la précédente, et coulant comme elle de l'est à l'ouest. C'est au contraire des Ardennes occidentales que lui viennent à gauche le *Viroin*, qu'ont formé les deux ruisseaux de l'*Eau Blanche* et de l'*Eau Noire*; et la *Sambre* qui, sur un terrain des plus accidentés, longe les collines de Belgique, et va, grossie de la *Grande-Helpe*, former avec la Meuse un triangle stratégique fameux, dont la frontière française est la base. La troisième courbe, du confluent de la Sambre à la mer, est une demi-circonférence concentrique aux dernières collines belges de la Campine. Des Ardennes septentrionales, de l'Hohe Wehen et de l'Eifel, elle reçoit à droite dans sa convexité l'*Ourthe*, grossie de la *Vesdre*, ainsi que la *Roër* aux bords escarpés, aux bassins difficiles, illustrés par Jourdan (1794); à gauche dans sa convexité le ruisseau de la *Mehaigne*, et les rivières du *Jaar* et de la *Dommel*, la dernière avec plusieurs affluents, venus des marais de Peer; enfin le *Merk*, rivière canalisée et s'écoulant à grand'peine dans le bras méridional de la Meuse, qui ne tarde pas à se confondre avec le bras septentrional de l'*Escaut*.

Le bassin de ce grand cours d'eau sera pour nous un appendice occidental de celui du Rhin. Il a pour ceinture un dos de terrain parallèle à la côte, et d'une élévation à peine sensible; les collines de l'Artois, celles de la Belgique, et leur prolongement septentrional par de faibles coteaux recourbés à l'ouest sous le nom de Campine. C'est un vaste trapèze irrégulier, dont la partie supérieure ou du sud-ouest appartient à la France et le reste constitue essentiellement le royaume de Belgique. Le fleuve, dans son cours de trente-cinq myriamètres, du plateau de Saint-Quentin à la mer, en suivrait la petite diagonale par deux arcs de cercle, dont l'un s'étend de sa source au confluent du *Haisne*, et l'autre, beaucoup plus grand et plus prononcé, depuis le confluent du Haisne jusqu'à celui de la *Rupel*. Il coule ensuite, moins sinueux, plus large et plus profond, directement au nord. Sa largeur est de plus de cinq cents mètres, et sa profondeur dépasse quinze lorsqu'il se bifurque pour envelopper le delta des îles de la Zélande. L'*Escaut* oriental forme les îles de Tholen et de Schouwen, avec le bras méridional de la Meuse, et les îles de Sud-Béveland, de Nord-Béveland et de Walcheren, avec l'*Escaut* occidental, qui à lui seul forme au midi les îles d'Assel et de Cassand. Le pays industrieux ou, si l'on veut, la ville continuelle qu'il fertilise ou dessert avec ses affluents et ses canaux, n'est, à proprement parler, qu'une plaine de la plus grande richesse, admirablement cultivée, entièrement ouverte, et, dans les temps modernes comme au moyen âge, ensanglantée par les batailles et les siéges les plus fameux.

Les affluents de l'Escaut sont, à droite, le *Haisne*, la *Dender* et la *Rupel*, celui-ci formé par trois rivières, la *Senne*, la *Dyle* qui grossit la *Demer*, accrue elle-même des deux *Ghètes*, et la *Nèthe*. Tous ces cours d'eau, à l'exception du *Haisne*, de la *Demer* et des deux *Nèthes*, ont une direction générale parallèle au fleuve, c'est-à-dire du sud au nord. « Le pays, le bassin de la *Rupel* surtout, vaste plaine où les prairies alternent avec les champs et les bois, est coupé en tout sens par les rivières, les canaux et les marais (1). » Des collines de l'Artois l'Escaut reçoit à gauche, après un cours plus ou moins parallèle qui va jusqu'à dix-huit myriamètres, la *Sensée*, la *Scarpe* et la *Lys*, la dernière grossie de la *Brette* et de la *Deule*. Ces rivières et des canaux perpendiculaires à leur direction générale du sud au nord unissent l'Escaut supérieur ou français à la mer par ses tributaires directs : l'*Aa*, la *Colme* et l'*Iser*. En suivant les côtes basses ou bordées de dunes, tantôt fermées à l'Océan par des digues immenses, tantôt ouvertes à des golfes profonds qui embrassent des îles nombreuses, nous retournerons à la droite du vieux Rhin.

---

(1) Lavallée, *Géogr. milit.*

Nous y trouvons encore plusieurs dérivations. L'une, inférieure, coule sous le nom de *Vecht* dans le Zuiderzée méridional, après avoir fourni des eaux à l'*Amstel* tributaire du golfe de l'Y, qui unissait le Zuiderzée à la mer, aujourd'hui desséchée, de Harlem. L'autre, supérieure, est un canal creusé par Drusus pour mettre le Rhin en communication avec l'*Issel* dont elle porte le nom, et qui, accru du *Berkel*, s'écoule péniblement dans le Zuiderzée oriental.

L'appendice oriental du bassin inférieur du Rhin est la région de même nature que traversent et qu'inonderaient sans leurs digues le *Vecht*, tributaire du Zuiderzée, le *Lauwer*, tributaire du golfe de son nom, ainsi que la *Hunsé;* enfin l'*Ems*, tributaire du Dollart. Généralement plat, marécageux, infertile sans être inculte, grâce aux alluvions utilisées par les riverains, le pays, à droite du grand fleuve, finit par des côtes encore plus basses et d'accès plus difficile que celles de gauche. Le Zuiderzée, qui fut un lac alors que la chaîne non interrompue des îles du Texel, de Vlieland, de Terschelling et d'Ameland unissaient les deux rivages, n'a pas, à cause des sables qui l'encombrent, une profondeur suffisante pour conduire dans le golfe de l'Y les gros navires de guerre et de commerce. C'est le grand canal du Nord, creusé dans toute la longueur de la presqu'île du Helder, qui les transporte de l'Océan germanique dans le golfe sur lequel s'élève Amsterdam. Mais de telles œuvres, comme aussi le dessèchement de la mer de Harlem, menacée de la révolution qui créa le Zuiderzée, ne s'opèrent qu'en vue et dans le voisinage d'une grande capitale. Les provinces du N.-E., bien qu'en partie conquises par les eaux, auxquelles des écluses pourraient les rendre, semblent avoir encore plus d'*eaux* que de terres. Les marais, les landes, les tourbières constituent toujours essentiellement la partie inférieure des bassins de la *Hunsé* et de l'*Ems*. Aussi regarde-t-on le *delta rhénan* ou hollandais comme bien fermé par la nature et par l'art.

Il fallut, pour ouvrir cette région à Louis XIV, les prodiges de sa diplomatie et toute la science stratégique de Turenne. L'hiver et l'héroïsme républicain de 1794 la donnèrent à la Convention. Quant au bassin général du Rhin, dont les affluents conduisent à ceux de la Seine, du Rhône, du Pô, du Danube, du Weser et de l'Elbe, treize Etats se le partagent aujourd'hui. Mais on se souvient que Charlemagne et Napoléon le possédèrent tout entier, et qu'après avoir de beaucoup dépassé à l'est les limites romaines de la Gaule, l'empire français ne les a plus.

III.

LE WESER ET L'ELBE.

I. — Bassin du Weser.

Ceinture. — Origine du fleuve. — La Werra et la Fulda. — Défilés de son cours supérieur. — Affluents. — Le Dimel, l'Aller et la Hunt.

Arrosée dans le sens de sa longueur par le Rhin ou ses affluents et des cours d'eau plus ou moins parallèles, la région que nous venons de parcourir est encore, dans le sens de sa largeur, sillonnée par de nombreux canaux, en général navigables, d'irrigation ou de desséchement, qui les relient entre eux depuis l'Yser jusqu'à l'Ems. Celle que nous allons décrire est aussi dans sa partie moyenne et inférieure un pays de plaines, susceptible des mêmes avantages.

Dans la direction générale et très-irrégulière au N.O., le double prolongement du Franken-Wald, par le Gleich-Berg, le Rothaar, le Wogel, le Egge-Gebirge et le Teutoburger-Wald dont les points culminants n'atteignent pas 1000 mètres, et par le Thuringer-Wald, le Dün-Gebirge et le Hartz dont le point culminant ou mont Broken ne dépasse guère 1100, puis des collines insignifiantes à peine ondulées jusqu'aux dunes de la mer du Nord circonscrivent le bassin tout allemand du Weser, long de 40 myriamètres et large de 14. C'est un pays de bruyères, de sables et de marais, généralement plat et infertile, humide et froid, dont les troupeaux nombreux, les beaux chevaux surtout, les mines d'argent, de cuivre et de plomb constituent la principale richesse.

Deux rivières, la *Werra* grossie de la *Nasse* à droite, la *Fulda* grossie de l'*Eder* à gauche, après avoir sillonné en tous sens la partie supérieure du bassin, se réunissent pour former le fleuve. Le Weser accru du *Dimel* coule alors plus resserré entre les collines de son nom et l'Egge-Gebirge, puis s'ouvre un passage par le défilé fameux des portes westphaliennes, tombeau des légions de Varus, et par un lit très-large, mais sans profondeur et encombré de sables, va terminer, dans le golfe du Jahde, son cours de 48 myriamètres.

Cette ligne intermédiaire du Rhin et de l'Elbe, qu'on peut facilement tourner par le Mayn, et qui par le *Mayn* seulement peut conduire au Danube, n'a une véritable importance militaire que pour des opérations dans la haute Allemagne.

Le Weser inférieur reçoit des extrémités septentrionales du Hartz, après un cours de 220 myriamètres, l'*Aller* grossi de l'*Oker* et de la *Leine*, et près de son embouchure la *Hunt* et la *Gneste,* séparées par des ondulations imperceptibles des derniers affluents de l'Ems et de l'Elbe.

II. — Bassin de l'Elbe.

Ceinture quadrangulaire du bassin supérieur ou bohémien. — Cours du fleuve et de l'Iser, son affluent de droite. — Affluents de gauche. — L'Aldler. — La Moldau. — L'Eger. — Importance stratégique de la Bohême.
Ceinture du bassin inférieur. — Cours du fleuve. — Affluents de gauche. — La Mulde. — La Saale. — Affluents de droite. — Le Havel grossi de la Sprée. — L'Elder. — Importance politique du bassin général de l'Elbe. — Position intermédiaire de la Saxe.
Appendice du bassin de l'Elbe. — Jutland ou péninsule danoise. — L'Eyder et la Trave.

Du col de Freystadt, point de rencontre des montatagnes de Bohême et de Moravie, suivons à gauche la ligne européenne de partage des eaux jusqu'à l'Ochsenkopf, le Franken-Wald et la ceinture orientale du bassin du Weser jusqu'à son embouchure, à droite la ligne européenne de partage des eaux jusqu'au Schnéeberg, le Riesen-Gebirge et son prolongement au N.-O. par des hauteurs insignifiantes jusqu'à l'extrémité S.-E. de la péninsule danoise, et nous aurons déterminé le bassin général de l'Elbe.

Le bassin supérieur est une espèce de losange creusé par les eaux des montagnes qui l'entourent et s'abaissent graduellement jusqu'au centre. En effet, les côtés méridionaux, forêts de Bohême et de Moravie, sur un développement symétrique de 24 myriamètres chacun, de même élévation, d'un aspect également sauvage, avec trois points de dépression pour les grandes routes qui les coupent à distance presque égale, ont leurs pendants et leurs parallèles au nord. Ce sont, avec des cols plus difficiles et plus nombreux, les montagnes des Géants (Riesen-Gebirge) et les monts Métalliques (Erze-Gebirge) dont le développement total de 36 myriamètres est coupé par une brèche unique où s'échappent les eaux réunies du quadrilatère. Sa ceinture a pour points culminants, à moins de 1100 et de 1500 mètres d'élévation, les nœuds opposés de l'Ochsenkopf et du Schneeberg, à plus de 1400 et de 1600 le Haydel-Berg et le Riesen-Koppe dans le Bœhmer-Wald et le groupe central des Géants. Cette région mal peuplée, fermée comme un cirque auquel on la compare et qui sans doute fut un lac, n'a pas, dans l'imperfection de sa culture et de sa viabilité, de ressources meilleures que ses mines, ses forêts et ses chevaux.

Né au milieu de la chaîne du Riesen-Gebirge comme son affluent unique et son parallèle de droite, l'*Iser*, sur lequel débouchent les cols de Winterberg, de Géorgenthal et de Zittau, l'Elbe coule d'abord du nord au sud, tourne ensuite au nord-ouest et rentre obliquement dans les montagnes pour en sortir entre deux murailles de 700 mètres. Il reçoit à gauche du Schneeberg l'*Adler*, et de l'Haydel-Berg la *Moldaw*. Cette rivière que la direction et la longueur de son cours, le volume de ses eaux et le nombre de ses affluents auraient dû faire désigner comme le fleuve, descend d'abord au sud-est, parallèlement au Bœhmer-Wald, jusqu'au débouché du col de Freystadt, et tourne ensuite brusquement au nord pour suivre la plus petite diagonale du quadrilatère. Elle a reçu à droite, la *Zazavva* et la *Luschnitz;* à gauche, la *Woltava* et la *Beraun*, quand elle se réunit à l'Elbe au-dessus du confluent de l'*Eger* venu de l'Ochsenkopf. C'est sur ce dernier affluent de l'Elbe supérieur que débouchent des monts Métalliques les cols d'Egra, de Carlsbad, d'Altenberg, de Peterswald ou de Culm.

Au point de vue stratégique, le bassin supérieur de l'Elbe, qui constitue essentiellement la Bohême, nous apparaît, au centre de l'Allemagne, comme un vaste camp retranché de montagnes et de forteresses aussi précieux pour une retraite qu'avantageux pour une attaque dans toutes les directions. Waldstein n'eut qu'à en sortir et à déboucher sur le Mayn pour arracher Gustave-Adolphe de la Bavière, et la même manœuvre eût peut-être, en 1809, empêché la marche de Napoléon sur l'Inn, si la cour de Vienne l'eût permise au prince Charles. Jamais le grand Frédéric, malgré ses victoires, ne réussit à en déloger les Autrichiens qu'il ne pouvait tourner que par la Moravie, tandis qu'il pouvait l'être lui-même par l'Elbe ou par l'Oder. C'est la position menaçante et inexpugnable de l'armée de Bohême qui en 1813 perdit Napoléon.

Contrairement à la précédente, la partie inférieure du bassin de l'Elbe n'a de ceinture prononcée qu'au sud par les deux côtés du quadrilatère bohémien, et au sud-ouest par le Franken-Wald, le Thuringer-Wald et le Hartz. Elle nous apparaît comme une longue plaine ouverte et peu fertile où alternent les bois, les marais et les sables, mais peuplée et riche par la perfection de sa culture, l'activité de son industrie, et le développement de sa viabilité. Le fleuve y coule régulièrement dans la direction du nord-ouest, excepté au centre où, du confluent du *Schwartze-Estler* à celui du *Havel*, il décrit un arc de cercle excentrique au Hartz dont il se rapproche beaucoup. Vers le confluent de l'*Ilmenau*, il se partage en plusieurs bras qui entourent des îles basses et fertiles, et par une embouchure large de 15 kilomètres, termine en face de l'île danoise, aujourd'hui anglaise, d'Helgoland son cours de 680. C'est une ligne militaire très-forte qu'on ne peut tourner que par la Bohême, et contre l'invasion du nord une barrière formidable avec trois centres défensifs de premier ordre. C'est derrière l'Elbe que s'arrêta l'armée française après la retraite de Moscou, et c'est lui que l'année suivante Napoléon prit pour base d'une campagne offensive.

Le premier affluent de gauche est la *Mulde*, sa parallèle, formée de trois cours d'eau, tous originaires de l'Erze-Gebirge. La *Saale*, sur laquelle débouchent du Franken-Wald les cols de Bayreuth, de Kronach, et de Cobourg, descend du nord du Fichtel-Gebirge, coule au nord-ouest, puis au nord parallèlement à la rivière précédente, laissant à sa gauche le défilé fameux de Kosen, puis longe à l'est le défilé non moins connu de Rippach et va, en demi-cercle, tomber perpendiculairement dans le fleuve. Son importance stratégique, en arrière du

Hartz et en avant de l'Elbe, s'accroît encore par celle de ses affluents l'*Ilm* et l'*Unstrutt* à gauche, et à droite l'*Elster*. Cette rivière dans la direction du sud au nord reçoit elle-même, à droite, la *Pleiss* et la *Partha*, et avant de se joindre à la Saale y jette successivement plusieurs dérivations canalisées dont le *Floss-Graben* et la *Lippe* sont les plus célèbres. Peu de régions furent le théâtre de tant de batailles que la plaine sillonnée par tous ces cours d'eau. Là manœuvrèrent avec éclat Gustave-Adolphe et Waldstein, le grand Frédéric et Napoléon.

Sans nous arrêter sur l'*Ilmenau* et l'*Ost* qui tombent dans l'Elbe aux deux extrémités de son estuaire, nous passerons sur la droite d'abord au *Schwartze-Erlster* qui descend parallèlement à lui du Riesen-Gebirge occidental qu'on appelle monts de Lusace. L'affluent principal est le *Havel*, qui sort des lacs du Mecklembourg pour aller, formant d'autres lacs et des marais, se joindre au fleuve en décrivant une demi-circonférence symétrique à la sienne. Il reçoit à gauche des monts de Lusace la *Sprée*, célèbre dans son cours supérieur par les manœuvres de Frédéric et de Napoléon. Elle coule du sud au nord-ouest, tantôt grossie, tantôt affaiblie par des lacs et des canaux. L'*Elder* sort du lac Muritz et se grossit lui-même du *Stor*, sorti de celui de Schwerin. C'est le dernier affluent de l'Elbe.

Le bassin général, dont les empereurs d'Allemagne furent les souverains nominaux jusqu'à la fin du xviie siècle, est partagé entre dix États. Son souverain réel le deviendrait facilement de toute la Confédération germanique. La Prusse et l'Autriche, qui en ont la meilleure part, sont heureusement séparées par la Saxe. A l'existence indépendante de ce royaume, créé par Napoléon, tient aujourd'hui l'équilibre de l'Allemagne. L'Elbe inférieur est en outre la clef du Jutland où, pendant la guerre de Trente ans, le Suédois Torstenson pénétra sans coup férir et risqua d'être enfermé par le général autrichien Gallas.

Cette région, aux formes rectangulaires, qui s'allonge entre les mers Baltique et Germanique, aux côtes profondément découpées, marécageuse et plate au point que la ligne de partage des eaux ne s'y élève pas au-dessus de 400 mètres, n'est fertile qu'au sud, et riche que par ses pâturages, ses chevaux et ses forêts. Elle s'appelle encore la presqu'île danoise, bien que trois fois coupée transversalement, au nord, par les invasions maritimes qui, après en avoir détaché les îles occidentales de l'Archipel danois, ont creusé le Liimfiort, au sud par un canal de la Baltique à l'*Eyder* tributaire de la mer du Nord, et la dérivation canalisée de l'Elbe, à la Trave, tributaire de la Baltique. Un troisième canal de jonction fait aussi communiquer les deux mers par l'Elbe. C'est celui de Finnow, du Havel à l'*Oder*.

IV.

L'ODER ET LA VISTULE.

1. — Le Bassin de l'Oder.

Absence de ceinture excepté au sud-est. — Cours du fleuve. — Partie supérieure. — Affluents. — L'Olsa et la Malapane. — L'Oppa et la Neisse orientale. — La Weistritz et la Katzbach. — Partie inférieure. — La Bober et la Neisse occidentale. — La Barstsch et la Wartha. — Importance stratégique de la ligne de l'Oder.

Comme la région inférieure de l'Elbe, celle de l'*Oder* est un pays de plaines généralement peu fertiles, mais bien cultivé, malgré son climat humide et froid, par sa population industrieuse. Au sud dominent les forêts et les marécages, au nord les landes, les tourbières et les lacs.

Le bassin, long de 56 et large de 34 myriamètres, n'a de ceinture qu'au sud-est, dans le Riesen-Gebirge oriental, et son prolongement par les Sudètes et les Carpathes occidentales. Le contre-fort que le premier projette au nord sous le nom d'Eulen-Gebirge (montagnes des Hiboux), les hauteurs que ces dernières détachent au nord-ouest sous le nom de collines de Cracovie et de monts de Silésie, en se rapprochant vers le confluent de la *Katsbach,* circonscrivent sa partie supérieure. Le fleuve y coule à travers de grandes et magnifiques forêts et reçoit successivement, à droite l'*Olsa* et la *Malapane*, à gauche l'*Oppa*, la *Neisse* orientale ou de Glatz, la *Weistritz* et la *Katsbach*, célèbres par plus d'un combat. Rien plus dans la plaine que souvent il inonde, à partir du confluent de la *Bartsch*, ne resserre son lit et ne règle ses eaux dormantes autour des îles, à travers les marais tourbeux. C'est, jusqu'au confluent de la *Wartha*, comme une région nouvelle où le fleuve, grossi à droite de la *Bartsch*, reçoit à gauche du Riesen-Gebirge oriental la *Bober*, grossie de la *Queich* et des monts de Lusace, au débouché du col de Zittau, la *Neisse* occidentale, ou de Gœrlitz, unie à la Sprée par le canal de Cotbus.

L'Oder voit ensuite doubler le volume de ses eaux, quand du point de rencontre des collines polonaises de Cracovie et de Sandomir, « à travers des plaines de sable et d'argile, des bois d'arbres résineux, de vastes clairières cultivées, » lui arrive la *Wartha* grossie à gauche de la *Prosna*, à droite de la *Netze*. Plus loin, il tourne complétement au nord, divisé en deux bras dont l'un occidental conserve son nom et l'autre oriental prend celui de *Reglitz*. Leur réunion, après avoir formé plusieurs îles, produit le Stettiner-Haff. Ce lac, long de 6 et large de 4 myriamètres, communique avec la mer par les trois embouchures de la *Peene*, de la *Twine* et de la *Divenou* entre les îles d'Usedom et de Vollin, au sud-est de celle de Rugen.

Dans son cours de 80 myriamètres, dont 72 navigables, l'Oder est, contre une invasion du nord-est, la plus formidable barrière défensive par ses abords généralement difficiles, la direction et le volume de ses eaux, mais surtout par les places fortes dont elle est hérissée. L'armée française, après la retraite de Moscou, l'eût prise sans doute contre les Russes, si elle n'avait trouvé ses places dégarnies et l'alliance prussienne ébranlée. La défection du général Bulow allait en livrer le passage comme la trahison d'York avait fait ceux du Niémen et de la Vistule.

II. — Bassin de la Vistule.

Absence de ceinture excepté au sud. — Cours du fleuve. — Ses deux bras. — Affluent de gauche. — La Pilica. — Affluents de droite. — Le Donagel. — Le San. — La Wieprz. — Le Bug. — Appendice du bassin de la Vistule. — La Passarge et la Prégel. — Importance politique du bassin de la Vistule. — Son inégale répartition entre la Prusse, l'Autriche et la Russie.— Prépondérance menaçante de la dernière. Limite de l'Europe centrale.

Dans sa direction générale du sud-est au nord-ouest, par une longueur de 64 myriamètres sur une largeur de 40, le bassin de la Vistule n'a de ceinture bien prononcée qu'au midi. Du mont Visoka au Sloïczek, les Carpathes occidentales ou du nord s'y développent en arcs de cercles successifs avec des points culminants de 2,500 mètres. C'est une section de la dorsale européenne qui fait suite aux monts Sudètes. Une autre section de la même dorsale, qui laisse tourner au sud les Carpathes du centre, tourne au nord sous le nom de Niederborsec et de collines de Pologne. Elle donne avec les hauteurs à peine sensibles, qui des sources du Pripet s'en détachent au nord-ouest, la ceinture orientale.

Du sommet de l'angle formé par les monts Magura qui la séparent des eaux du Waag, et les collines de Cracovie qui la séparent de celles de l'Olsa, la *Vistule* se rend à la mer Baltique par deux courbes en sens inverse. La première, jusqu'à son confluent avec le *Bug*, est un arc de cercle excentrique aux collines de Pologne. L'autre du confluent du Bug à la mer forme un angle bien marqué dont le sommet se trouve au confluent du *Brahe*, à l'extrémité du canal de Natkel ou de Bromberg qui, par la Netze, l'unit à l'Oder. De là, le fleuve coule plus directement au nord, et plus loin se partage en deux bras dont l'occidental garde son nom. L'oriental, appelé Nogath, donne le sien à l'île qu'ils forment entre eux avant de tomber dans le Frische-Haff. Ce lac maritime, large au plus de 2 myriamètres, est séparé du golfe de Dantzig par une langue de terre longue de 8, appelée Flèche des Frisons.

Les affluents de la Vistule sont : à gauche, la *Pilica*, née dans les collines de Sandomir, derrière la Wartha; à droite, le *Donagel*, né sur le revers septentrional du mont Troiaka et le *Visloka*, son parallèle, venu du mont Beskide. Du mont Sloiczec est descendu le *San*. Après la *Wieprz*, beaucoup moins considérable, le fleuve reçoit le *Bug*. Ce grand cours d'eau, le plus important du bassin, par la courbe qu'il décrit de sa source à son confluent, forme avec le *San* et la *Vistule* un quadrilatère remarquable dont les collines de Pologne seraient la base. Il reçoit lui-même à gauche le *Peltew*, à droite la *Narew* grossie de l'*Omulew*, ensuite l'*Ukra*. C'est une ligne demi-circulaire de lacs et de marais qui envoie au sud les deux derniers. La même ligne concentrique au Frische-Haff donne au fleuve son dernier affluent, la *Drewenz*.

De là aussi descendent directement à la mer la *Passarge* et l'écoulement des lacs Mauer et Spirding, la *Pregel* grossie de l'*Alle*. Une dérivation de la basse *Pregel* descend au Curische-Haff, et avec elle, le Frische-Haff et la Baltique fait une île de la péninsule appelée le *Paradis* de la Prusse, qui projette au nord une nouvelle flèche. Dans les bassins de la Passarge et de la Prégel nous ne saurions voir qu'un appendice de celui de la *Vistule*. Leur ensemble constitue une région de forêts, de plaines, de marécages et de fondrières, aux communications rares et difficiles, mal cultivée dans la partie méridionale ou pays slave, bien cultivée et fertile, surtout en céréales, dans la partie septentrionale ou pays allemand.

Le cours de la Vistule n'est pas, à proprement parler, une ligne militaire. La position la plus forte, celle qui servit plusieurs fois de refuge au patriotisme polonais, est le triangle équilatéral dont les confluents de la *Na-*

rew et de l'*Ukra* seraient deux sommets, et la ligne tirée de la Narew à la Vistule un côté. Le rectangle formé par l'*Alle* avec la *Passarge*, la basse *Pregel* et la mer est des plus remarquables comme théâtre des opérations de 1807.

Ce qu'il importe de remarquer encore, c'est l'inégale répartition au point de vue stratégique, comme sous le rapport territorial, du bassin total entre l'Autriche au sud, la Russie au milieu et la Prusse au nord. Maîtresse du triangle central où convergent toutes les routes, la Russie en tient la clef, et s'avance comme un coin jusqu'aux sources de la *Wartha* et de la *Prosna*, entre les cours supérieurs de la Vistule et de l'Oder. Elle n'a qu'à tourner à droite sur la Baltique pour couper en deux le royaume de Prusse en isolant sa partie orientale; à gauche sur les Carpathes du nord ou les Sudètes pour démembrer l'empire d'Autriche en isolant la Hongrie et la Gallicie.

En face du colosse moscovite, la condition de ces deux États ne sera jamais qu'un vasselage déguisé, à moins d'une étroite alliance entre eux ou avec une des grandes puissances occidentales qui le rejetterait au delà du Dniester et derrière le Niémen. Ces deux fleuves tributaires, le premier de la mer Noire, le second de la Baltique, et les collines de Pologne d'où ils descendent par les revers opposés, seront pour nous à l'est la limite de l'Europe centrale.

SECONDE PARTIE.

I

GUERRE DE HOLLANDE.

1672-1679.

I. — Invasion des Provinces-Unies.

Ressources comparées de la Hollande et de la France en 1670.— Isolement de la première par la diplomatie de Louis XIV qui veut la prendre à revers par terre et par mer.—Marche convergente de cent mille Français vers le Delta rhénan (1672). — Leur concentration entre la Lippe et le vieux Yssel. — Passage du Rhin. — Retraite de Guillaume d'Orange entre le Wecht et l'Amstel. — Eparpillement de l'invasion dans toutes les Provinces-Unies, moins la Zélande préservée par Ruyter.—Solebay.— Inondation de la Hollande. — La diplomatie de son stathouder tourne l'Europe contre la France.

C'était en 1670, deux ans après le traité d'Aix-la-Chapelle, qui nous donna la Flandre, et rendit à l'Espagne la Franche-Comté. Souveraine de l'Océan, du Texel à la Chine, depuis ses victoires dans le détroit de Gibraltar et à l'embouchure de la Tamise; séparée de la France par la Belgique espagnole qui nous fermait l'Escaut ; par l'évêché princier de Liége, qui nous fermait la Meuse ; par le duché de Lorraine, les trois électorats ecclésiastiques et le Palatinat, qui nous fermaient la Moselle et le Rhin inférieur, la Hollande républicaine jouissait en pleine sécurité des richesses que des cinq parties du monde importaient ses vingt mille vaisseaux. Tout en se passant, avec Jean de Witt pour grand pensionnaire, et Ruyter pour amiral, du stathoudérat et de la maison d'Orange, qui menaçaient sa liberté, elle croyait, par sa triple alliance, qui ne lui donnait pas de soldats, pouvoir longtemps contenir Louis XIV. Un échevin d'Amsterdam se vantait d'avoir arrêté « le soleil de la France, » quand elle avait pour elle un roi partout obéi, parce qu'il savait commander, et sans parler d'une marine éprouvée déjà sous l'amiral d'Estrées avec Duquesne et Tourville, la diplomatie royale de Lionne et de Pomponne, les finances de Colbert, l'armée de Louvois, la stratégie de Turenne, le génie de Vauban, la tactique impétueuse et les inspirations de Condé, de Luxembourg et de Créqui !

Cependant un traité de subsides avec le sénat du roi mineur Charles XI ramène bientôt la Suède à une puissance qui lui a valu au traité de Westphalie et lui garantit ses possessions allemandes aux bouches de l'Oder, de l'Elbe et du Weser. Une pension au roi Charles II et l'appât de la Zélande entraînent l'Angleterre des Stuarts, comme la promesse de Dunkerque et de Mardick avaient fait celle de Cromwell. La Lorraine occupée sur les préparatifs hostiles de son vieux duc en fuite; l'inaction imposée aux Espagnols par un corps d'observation en Flandre ; la neutralité de l'empereur Léopold garantie par un traité secret et la révolte des Hongrois; celle des électeurs de Mayence et de Trèves, et de l'ancienne ligue du Rhin achetée; la connivence du Palatin assurée par le mariage de sa fille avec le duc d'Orléans; la coopération de l'Electeur de Cologne, évêque de Liége, et celle de l'évêque de Munster obtenues, soit contre les Provinces-Unies, soit contre l'Electeur de Brandebourg, duc reconnu bien que dépossédé en partie de Clèves et de Juliers, Charles II et Louis XIV déclarent solennellement la guerre « à l'ennemie commune des monarchies » (6 avril 1671).

Pendant que les flottes combinées qui doivent conquérir la Zélande menacent les provinces du sud-ouest, et que Luxembourg, avec les auxiliaires de Munster et de Cologne, prend ses mesures contre celles du nord-est, l'armée française, échelonnée de Sédan à Charleroi sous Turenne et Condé, s'ébranle avec le roi et descend les deux rives de la Meuse comme pour percer le centre, que protége Maëstricht. Mais la place isolée par l'occupation de Maseyck, on tourne à l'est sur la Roër, puis sur Neuss et le Rhin. Condé passe le fleuve pour prendre Buderich, s'établir sur la Lippe, et emporter Wesel, où il reçoit bientôt le grand corps d'armée qui vient d'enlever sur la gauche Orsoy et Rhinberg, et donne la main à Luxembourg.

Le mois de mai avait presque suffi pour conduire cent mille hommes de la Sarre et de la Sambre au sommet du Delta rhénan, et les concentrer, non loin d'Emmerich, entre la Lippe et le vieux Yssel, sur le flanc découvert des Provinces-Unies (6 mai—7 juin). Au lieu du Wahal et de ses places fortes qu'on voulait tourner, on n'avait plus devant soi pour pénétrer dans le Betaw, *l'île des Bataves*, et couper en deux la république hollandaise, que le Rhin appauvri et le Leck sans défense. Le Rhin franchi une seconde fois presque sans obstacle, en aval du fort de Schenk, en face de Tolhuys, Turenne marche au nord pour traverser le Leck et suivre la gauche de l'Yssel, dont Luxembourg tient la droite. Entre eux, le long de ce cours d'eau rapide et profond, allait se trouver prise toute l'armée hollandaise inutilement retranchée d'Arnheim à Zutphen. Mais dans cette position compromise, le capitaine général, Guillaume d'Orange, a reconnu l'impuissance de ses vingt-cinq mille hommes contre des forces doubles. Tout en dirigeant des détachements entre le vieux Rhin et le Leck inférieur pour couvrir Rotterdam, la Haye et Leyde, il se replie vers le sommet de l'angle formé par le vieux Rhin et le Wecht sur Utrecht, qui refuse de le recevoir ; il se retire alors entre l'Amstel et le Wecht sur Amsterdam, dont, pour échapper au pillage, les Juifs offrent des millions à l'ennemi, et les bourgeois parlent de fuir à Batavia. Six mille chevaux, dirigés à temps sur la capitale, ou un escadron sur Muiden, la clef du port et des écluses, pouvaient d'un seul coup terminer la guerre.

Cependant les Etats généraux de la Haye ne tardent pas à apprendre que du sommet du Delta, où Turenne a réduit Arnheim, Schenk et Nimègue, les clefs du Betaw, l'invasion s'éparpillant en éventail a soumis ou entamé neuf provinces. Aux troupes de Munster et de Cologne sont ouvertes, avec l'Ower-Yssel, Drente, la Frise, Groningue, par la prise de Deventer et de Koeverden; au maréchal le Brabant, par l'occupation de Grave et de l'île de Bommel; au roi la Gueldre, Utrecht, les deux Hollande, par la chute des places de l'Yssel, du Zuiderzée et du vieux Rhin, Doësburg et Zutphen, Amersfort, Naerden et Woërden. La Zélande restait seule intacte. Au lieu d'y attendre les Anglo-Français que devaient débarquer les cent vaisseaux du duc d'York et du comte d'Estrées, Ruyter était allé les surprendre sur la côte de Suffolk, dans la rade de Solebay. Après une journée entière de bataille indécise, que les alliés refusèrent de continuer le lendemain, l'amiral néerlandais revint couvrir les provinces maritimes et ranger sa flotte triomphale autour d'Amsterdam. La Hollande était inondée; mais pour la rassurer il fallait davantage.

A Louis XIV, campé sous Utrecht, on offrit de céder Maëstricht, le Brabant et la Flandre hollandaise, les limites de la basse Meuse et de l'Escaut occidental, c'est-à-dire une ceinture autour de la Belgique, dès lors à sa discrétion. Malheureusement le roi, plus empressé de nuire à ses ennemis et d'éloigner ses alliés que de servir la France, exigea la limite du Leck et la substitution de Delfzyl, qui commandait le Dollart et l'embouchure de l'Ems, au port de l'Ecluse et à l'île de Cassand, aux bouches de l'Escaut, promise à l'Angleterre. Mais pendant qu'on négociait, une révolution releva le stathoudérat et le parti de la guerre sur les cadavres des frères de Witt et des partisans de la paix. Le prince élu était Guillaume d'Orange, qui aima mieux le commandement viager d'une république entière à reconquérir que la souveraineté héréditaire d'un Etat en lambeaux garantie par le vainqueur. Et les Etats généraux « n'eurent plus qu'à attendre le succès qu'il plairait à Dieu de leur donner. » Un reflux de douze heures et une tempête de quatre jours repoussèrent du Texel les cent soixante voiles des alliés, sans empêcher la riche flotte marchande des Indes de parvenir par le Zuyderzée au port d'Amsterdam. Louis XIV, avouant son impuissance contre des villes devenues insulaires au milieu d'une mer artificielle, reprit alors le chemin d'Arnheim, et par Nimègue, Grave et la Meuse, regagna Saint-Germain. Il laissait Luxembourg dans la province d'Utrecht, attendant, avec la saison des glaces, la seule chance qui restât d'achever la Hollande. Quant à ses collègues, Turenne et Condé, ils avaient à remplir une mission moins éclatante qu'ils allaient rendre aussi glorieuse : celle de fermer le Rhin aux Allemands et de couvrir l'Alsace. La diplomatie et l'or des Hollandai venaient d'armer contre nous, en attendant le Danemark, le grand Electeur, l'Espagne, l'Empereur et une partie de l'Empire.

II. — Opérations sur la Meuse et le Rhin (1672-1673). — Turenne et Montecuculli.

Turenne opposé aux Impériaux sur le Rhin. — Vains efforts de Montecuculli et du grand électeur Frédéric-Guillaume pour se joindre au prince d'Orange, du prince d'Orange pour s'emparer de Charleroi, de Luxembourg pour enlever la Haye. — Prise de Maestricht et de Treves par Louis XIV et Vauban (1673). — Jonction de Montecuculli et du stathouder. — Evacuation de la Hollande pour faire face à la coalition à l'est, au nord et au sud.

Du Brabant, où, par la prise du fort de Crèvecœur, il venait de couper les communications de Bois-le-Duc avec l'île de Bommel, le maréchal de Turenne alla par Wesel attendre Frédéric-Guillaume et Montecuculli entre la Lippe et la Ruhr. Mais d'Halberstadt, où ils avaient réuni quarante mille hommes, ils se dirigèrent sur Coblentz, au confluent de la Moselle ; ils n'y trouvèrent pas moins Turenne qui, posté à Nassau avec moins de seize mille hommes, lui barra le passage au confluent de la Lahn. Malgré l'appui du vieux duc de Lorraine, une deuxième tentative ne réussit pas mieux. Les Allemands coururent au delà du Mayn à Mayence ; ils y trouvèrent encore Turenne passé à la rive gauche. Il fallut remonter jusqu'à Strasbourg, dont le pont ne pouvait lui être interdit par une ville impériale ; mais Condé, qui gardait l'Alsace, prévenu par son collègue, le fit sauter. Ce n'est qu'en descendant le fleuve, dont ils surprirent le passage par un pont de bateaux jeté vers le confluent du Mayn, qu'ils parvinrent à gagner l'électorat de Trèves. Ils touchaient aux limites occidentales du bassin de la Moselle, et allaient entrer dans celui de la Meuse, que remontait le stathouder, repoussé de Naërden et de Woërden. On voyait déjà, par la jonction des coalisés, les deux tiers de l'armée d'invasion isolés dans le nord, quand Turenne vint encore s'interposer. De l'extrémité septentrionale des Ardennes il ramena les Allemands au delà du Rhin, où leur apparition sur la Ruhr suffit pour dégager Groningue et la Frise. C'en était fait de l'alliance de Cologne et de Munster, si, malgré Louvois, le maréchal ne les avait suivis par Wesel, coupé du territoire des princes ecclésiastiques, et de la Westphalie rejeté en plein hiver au delà du Weser jusque sur l'Elbe. Avant d'arriver à Halberstadt, où ils s'étaient réunis au commencement de la campagne, ils se séparèrent diminués de vingt mille hommes. « Le père du soldat, » avec une armée presque intacte et un ennemi de moins par la neutralité obtenue du grand Electeur, reprit lentement le chemin de la Lahn. Il s'établit à Wetzlar, prêt à seconder les opérations du roi, mais l'œil ouvert sur la Westphalie et la Franconie, et les alliances du Rhin ébranlées par l'approche et les intrigues du stathouder Heureusement qu'arrivé trop tard sur la Roër, le prince d'Orange avait tourné sur la Sambre et Charleroi, dont, malgré un renfort de dix mille Espagnols, il fallut abandonner le siége pour courir en Hollande. La mer qui la couvrait était devenue une plaine de glace ; Luxembourg marchait sur la Haye. Sans un dégel subit, qui, par une chaussée étroite, le ramena, au milieu des plus grands périls, à Utrecht, il enlevait les Etats généraux.

Cependant Louis XIV, après avoir réuni trente mille hommes sous Courtrai, descendait par Oudenarde vers le confluent de la Lys et de l'Escaut. On tremblait pour Gand et la Flandre hollandaise, quand il tourna sur la Dender et la Senne. On tremblait pour Bruxelles et le Brabant espagnol, quand on le vit tourner sur la Dyle, remonter la Demer, tomber sur le Jaar et investir Maëstricht par les deux rives de la Meuse. Contre Vauban et une armée de siége, portée à quarante-cinq mille hommes par des détachements venus à point nommé d'Utrecht et de Wetzlar, la ville réduite à sa garnison ne tint pas quinze jours. Cette conquête, la clef ou le boulevard des Provinces-Unies, intermédiaire de la Sambre, de la Lippe et du Wahal, du Rhin moyen et de l'Escaut, dont nous tenions les principales places, assurait les communications des quatre corps qui, sous le roi, Turenne, Condé et Luxembourg, allaient se trouver libres de leurs mouvements dans le Limbourg, en Allemagne, en Hollande et dans le Brabant. Elle eût permis une campagne offensive sans l'inondation ménagée par les écluses de la basse Meuse et les besoins de l'armée du Rhin. Louis XIV démembra la sienne pour faire enlever par Vauban sa capitale à l'électeur de Trèves, qui venait de céder Coblentz aux Impériaux, raffermir par sa présence la Lorraine et l'Alsace, et rendre à Turenne les renforts qu'il en avait reçus.

Le maréchal courut à la rencontre de l'armée impériale qui, sous Montecuculli, débouchait de la Bohême, sur le Mayn supérieur et la Regnitz, et de Nuremberg, où il s'accrut des contingents de la Saxe et de la Franconie, semblait vouloir gagner le Necker pour pénétrer en Alsace. Turenne passa le Mayn, remonta le Tauber, et, malgré l'infériorité numérique de ses troupes, offrit la bataille près de Rothembourg. Au lieu de l'accepter, Montecuculli tourna sur le Mayn dont, sous les yeux de son vigilant adversaire, il n'osa, pendant quinze jours, tenter le passage partout gardé. Mais l'évêque de Wurtzbourg finit par le lui vendre. Il livra un pont qu'il avait juré de défendre envers et contre tous. Montecuculli descendit la rivière jusqu'à son confluent, passa le Rhin à Mayence, et, après avoir donné une seconde fois le change à Turenne, qui venait de rétrograder sur le Necker et dépasser le fleuve à Philisbourg pour couvrir l'Alsace, atteignit Coblentz.

C'est alors qu'échappant à Condé sur la basse Meuse, qu'il franchit à Venloo, le prince d'Orange arriva par la Roër et le territoire de Juliers, et se réunit à lui pour s'emparer de Bonn et des deux rives du Rhin. L'alliance des quatre électeurs rhénans, réduits à eux-mêmes, ne pouvait tenir contre soixante et dix mille envahisseurs. Tous, à l'exception de celui de Cologne, qui se contenta de la neutralité comme l'évêque de Munster, passèrent à la coalition. De son côté le Parlement anglais, voulant préserver sa marine affaiblie par trois batailles nouvelles et indécises, en vue des îles de Walcheren et du Texel, força Charles II à la paix. La France alors n'eut plus qu'à lâcher la Hollande pour couvrir ses propres frontières et se dédommager sur l'Espagne. A l'exception de Grave et de Maëstricht, par lesquelles Luxembourg, entre une double haie d'ennemis irrésolus, atteignit Charleroi, toutes les places des Provinces-Unies et du grand Electeur furent évacuées avant le printemps. Il fallut arrêter au sud l'Espagne, qui menaçait le Roussillon ; au nord le prince d'Orange, qui s'avançait vers le Hainaut ; enfin, et surtout à l'est, la grande armée impériale qui allait marcher sur le Rhin. On en chargea Schomberg, Condé et Turenne.

III. — Campagnes de Turenne, de Condé et de Créqui pour couvrir ou délivrer l'Alsace, la Flandre et la Lorraine (1674-1675).

Conquête de la Franche-Comté par le roi et Vauban.— Turenne opposé aux Impériaux dans le Palatinat. — Sintzheim et Ladembourg. — En

Alsace : — Ensheim, Dettweiler, Belfort, Mulhausen, Colmar, Turkeim ; — en Souabe : — la Kintzig et Wilstett, la Renchen et Salsbach, le pont d'Altenheim. — Créqui oppose au duc de Lorraine, — Consarbruck ; — Condé, au prince d'Orange, — Senef, — puis aux Impériaux. — Retraite de Montecuculli (1675).

Turenne couvrit le fleuve de Philisbourg à Bâle, ferma tous les passages par les villes forestières, et, la neutralité vénale des Suisses y aidant, permit au roi avec Vauban d'enlever Besançon et Dôle, et de soumettre, cette fois pour la garder, la Franche-Comté en six semaines. Rejeté sur la Kintzig, où il se réunit au général Caprara, le duc de Lorraine était en marche vers le Necker pour y joindre l'armée des Cercles sous Beurnonville et attendre le grand Electeur revenu à la coalition. Turenne, réduit à dix mille hommes par les secours envoyés sur la Sambre, n'en passe pas moins à la rive droite, atteint les Allemands dans leur retraite sur Heidelberg et les défait complétement à Sintzheim sur l'Elslatz. Mais trop faible pour s'aventurer plus loin; il dut repasser le Rhin pour recueillir des renforts et laisser le temps à ses adversaires de doubler leur armée. Ils étaient, quand il revint, postés à Ladembourg, sur les bords fortifiés du Necker. Il les défit encore, les chassa jusque derrière le Mayn, et par le Palatinat ravagé vint prendre ses cantonnements entre la Queich et la Lauter.

Trente-cinq mille Allemands ne tardèrent pas à le suivre. Louis XIV, alarmé, lui ordonna d'abandonner l'Alsace pour couvrir la Lorraine. Turenne n'hésita pas

« à prendre tout sur lui. » En effet, pour tourner sa position menaçante au pied des Vosges les Impériaux furent contraints de rétrograder et ne purent pénétrer en Alsace que par le pont neutre et vendu encore de Strasbourg. Cantonnés sur l'Ill, ils y attendaient Frédéric-Guillaume quand Turenne les vint attaquer dans leurs retranchements d'Ensheim sur la Brusche et les rejeta sous le canon de Strasbourg. Mais alors le grand Electeur arriva. N'ayant plus que vingt-cinq mille hommes contre soixante, le vainqueur se mit lentement en retraite vers le défilé le plus central des Vosges. Rejetant, comme inutile et même dangereux pour la discipline, quatre mille cavaliers de l'arrière-ban que lui envoyait la cour épouvantée, il fit même rétrograder sur la Lorraine huit mille hommes de bonne cavalerie qui lui arrivaient de la Flandre, et prit à Dettveiler sur le Zorn une position intermédiaire et protectrice de Saverne et de Haguenau. L'ennemi n'ayant pu l'en déloger, se replia derrière l'Ill et, l'hiver étant venu, dispersa ses quartiers le long de la rivière depuis son confluent jusqu'à ses sources. C'est ce que voulait le grand capitaine qui, tout en reculant derrière les Vosges jusque sur la Sarre, n'entendait pas « qu'il y eût en France un homme de guerre en repos tant qu'il y aurait un Allemand en Alsace. »

On était au 5 décembre, avec un froid de dix degrés. Au moment où tout le monde, à l'exception du roi, instruit par une lettre célèbre, croit « qu'il ne veut que

» s'étendre en Lorraine, il fait tourner au sud son ar-
» mée qui marchait vers l'ouest, recueille en passant la
» division de Flandre, et par des routes parallèles et
» différentes les dirige en petites colonnes sur le flanc
» occidental des Vosges. Après vingt jours de marche,
» au milieu de la neige et des montagnes, dans une
» confusion apparente, par des chemins affreux, l'ar-
» mée se trouve comme par enchantement réunie à
» l'extrémité méridionale de l'Alsace, à Belfort, dans
» un point éminemment remarquable comme lieu de
» partage des eaux de la France dans toutes les mers.
» Il n'y avait plus qu'à tourner au nord-est pour atta-
» quer, non de face, en ligne et couverts par l'Ill, mais
» de flanc, isolément et par les deux bords de la rivière
» les quartiers ennemis (1). » Turenne les surprit partout et les culbuta les uns sur les autres, à Mulhausen,
à Colmar, à Turkeim. Le 11 janvier 1675, « il n'y avait
pas en Alsace d'ennemi qui ne fût prisonnier. » Turenne
avait réduit de moitié, et renvoyait hiverner en Allemagne l'armée qui voulait au printemps reprendre la Franche-Comté et la Lorraine, et pénétrer en Champagne
pour donner la main au prince d'Orange.

Le stathouder avec quatre-vingt mille hommes n'a-
vait pas même réussi à passer la Sambre devant Condé
qui la couvrait avec quarante seulement, et l'atteignit

---

(1) Théophile Lavallée.

à Senef dans sa retraite sur Mons. Après la déroute de son arrière-garde et une boucherie de dix heures, « le général qui faisait la guerre à reculons » entreprit, mais n'osa, à l'approche du vainqueur, poursuivre le siége d'Oudenarde défendue par Vauban. Il fallut se borner à la prise de Grave, qui lui coûta trois mois d'efforts et près de dix mille hommes. L'Espagne fut moins heureuse encore. Son armée fut repoussée du Roussillon, et sa flotte ne put empêcher une escadre, puis une flotte française de débloquer Messine et de jeter avec Duquesne dans la Sicile à moitié soumise un vice-roi de Louis XIV.

Cette campagne, la plus belle de notre histoire militaire avant la révolution, en appelait une autre que l'occupation de Liége, la concentration de soixante et dix mille hommes sur la Sambre et la prise de Limbourg, sous les yeux du prince d'Orange, pouvaient rendre décisive. On s'attendait à voir le roi, qui la commandait en personne avec Condé, maître du cours moyen de la Meuse, prendre à revers la Belgique espagnole ou le Brabant hollandais. Mais la première était protégée par la jalousie de l'Angleterre à qui on avait promis de respecter la Flandre maritime ; le second fut préservé par le vieux Charles IV qui, avec deux princes de la maison de Brunswick, remontait la Moselle et s'avançait vers la Sarre pour reprendre la Lorraine. Il fallut démembrer l'armée du Nord pour leur barrer le passage. Créqui dut prendre la ligne de la Moselle, intermédiaire à celle de la Meuse où restait Condé, pour combattre Guillaume, et à celle du Rhin où manœuvraient les deux premiers tacticiens de l'époque, Turenne et Montecuculli !

Turenne parut devant Strasbourg au moment où l'on se disposait à livrer le pont aux Impériaux qui voulaient porter la guerre en Alsace. Son dessein à lui était de la faire en Souabe. Philisbourg étant bien gardé, la province française facile à défendre au nord, Haguenau et la Moder couvertes par une avant-garde suffisante, il laissa l'ennemi descendre tout à l'aise dans le Palatinat, passer et repasser près de Spire le Rhin sans obstacle. Mais quand Montecuculli revint de sa promenade militaire, où il avait cru l'entraîner, Turenne, était à la rive droite fortement établi à Willstett près du confluent de la Kintzig, ses communications assurées avec un pont jeté à Altenheim, et fermant à l'ennemi celui de Strasbourg. De la position qu'il prit sur la même rivière, à Offembourg, à l'entrée des montagnes Noires, Montecuculli espéra quelque temps faire abandonner Willstett en menaçant tour à tour les deux ponts. Pour ou contre cette entreprise rien ne fut épargné. « Dans l'espèce de prairie entremêlée de bois et coupée de rivières que présente l'Ortnau (1) » il n'y eut pas, durant six semaines, un ravin, un ruisseau, un pli de terrain que les deux

---

(1) Henri Martin.

champions ne vinssent à bout d'utiliser. Pour éviter d'avoir toujours son rival entre lui et le fleuve, Montecuculli alla enfin s'établir au confluent de la Renchen. Mais Turenne qui l'avait suivi trouva un gué, pour passer la rivière dont il occupa les deux bords. Pour ne pas être pris entre le Rhin et les Français il fallut décamper pendant la nuit et prendre le chemin des montagnes. Il ne les devança que de quelques heures au défilé de Salsbach. Mais Turenne en trouva un autre qui lui permettait de tourner sa position défensive, de le précipiter et de l'acculer dans les gorges de la forêt Noire. Déjà témoin et fier de l'inquiétude et du trouble des Impériaux, dont les bagages commençaient à filer sur Bade, il prenait ses mesures et disait : « Je les tiens, » quand un coup de canon, tiré au hasard, emporta le grand homme !

Privée du génie qui l'animait, l'armée française regagna en désordre le pont d'Altenheim où l'ennemi arriva presque en même temps. Repoussé avec perte par le comte de Vaubrun, « qui avait fait attacher à l'arçon de sa selle sa jambe fracassée par une blessure récente, » et par le comte de Lorge qui avait à venger son oncle, Montecuculli passa par Strasbourg, menaçant à la fois Haguenau et Saverne. La basse Alsace était envahie et la Lorraine pouvait l'être par son duc Charles IV. Créqui, avec des forces de beaucoup inférieures, courut à sa rencontre au confluent de la Sarre et de la Moselle. Battu à Consarbruck, il ne put que retarder, en s'y jetant, la prise de Trèves qu'il défendit avec héroïsme. Il y apprit du moins à devenir le grand général rédit par Condé qui, enlevé à l'armée du Nord pour faire place à Luxembourg et s'inspirant des idées de Turenne, vint débloquer Saverne et Haguenau, et sans vouloir engager d'action, força les Impériaux à reculer sur Spire et à repasser le Rhin.

IV. — Dernières opérations (1676-1678).

Campagne maritime de 1676. — Ruyter et Duquesne. — Stromboli, Agosta, Palerme. — Conquêtes sur l'Escaut supérieur : — Condé et Bouchain, Valenciennes et Cambrai. — Mont Cassel. — Perte de Philisbourg. — Créqui opposé aux Impériaux. — Vains efforts de Charles V pour recouvrer ses États et se réunir au prince d'Orange. — Kochersberg, Fribourg (1677). — Prise de Gand (1678). — La paix de Nimègue et ses résultats.

En 1676 les grands événements furent à la mer. Sur l'appel réitéré de la cour de Madrid, Ruyter avait abandonné l'Océan, où il était encore le maître, pour la Méditerranée d'où, malgré la coopération de la flotte espagnole, il ne devait pas revenir vivant. Sa croisière de trente-cinq vaisseaux établie entre le phare de Messine et l'archipel de Lipari n'y attendit pas longtemps le lieutenant général des armées de mer. Duquesne, parti de Toulon avec des forces à peu près égales, l'assaillit résolument dans les eaux de Stromboli, et après une bataille indécise (8 janvier) de huit heures, opéra sa jonction avec l'escadre sicilienne de Vivonne. Mais n'osant, en présence d'un tel adversaire renforcé à son tour, s'engager entre Charybde et Scylla, il fit le tour de la Sicile et par le sud gagna Messine sans obstacle. Il n'y fut pas longtemps en repos. La flotte française appareilla pour aller au-devant des convois attendus par le midi de Toulon et de Tunis. En même temps la flotte hispano-batave se dirigeait vers Agosta pour reprendre l'arsenal et le boulevard de la côte orientale. Elles se rencontrèrent à l'embouchure de la Gianella, par le travers du golfe de Catane (22 avril). La lutte qui dura toute une journée fut des plus terribles, et la flotte alliée réduite à chercher un asile dans le port de Syracuse. Ruyter qui, le devant du pied gauche emporté par un boulet, et la jambe droite fracassée, ne cessa, de la dunette où il était étendu, d'encourager les siens, y mourut le jour même où son rival offrait en vain une nouvelle bataille. Elle n'eut lieu qu'un mois plus tard (2 juin), à l'entrée de la rade, dans la rade même et jusque dans le port de Palerme. Ce fut la plus effroyable. Aussi fut-elle décisive. Des brûlots français lancés contre les bâtiments ennemis échoués et entassés entre la ville et le môle, firent sauter l'amiral espagnol pendant que leur canon emportait le vice-amiral hollandais, et couvrirent la grande capitale de débris enflammés, de boulets et de grenades. Les alliés n'avaient plus de flotte dans la Méditerranée dont la *perle* était à la France sans l'incurie, les débauches, et la tyrannie de Vivonne qui nous firent détester ; sans la jalousie de Louvois qui marchandait ses troupes au ministre de la marine, et la circonspection de Louis XIV qui, tout entier aux opérations du continent, voulut qu'on évacuât, ne pouvant la garder, la Sicile au désespoir, comme il avait fait la Hollande.

Dans le but de régulariser notre frontière par les places de l'Escaut supérieur dont le traité d'Aix-la-Chapelle nous avait, par Tournay et Oudenarde, assuré le cours moyen, Louis XIV avait pris Condé au confluent du Haisne, et assiégeait Bouchain. Guillaume d'Orange vint au secours, suivi de quarante mille hommes. Il trouva le roi campé en avant de Denain, avec des forces supérieures et en mesure de le forcer à une bataille, sur un terrain difficile et resserré entre le fleuve et le bois de Saint-Amand, derrière lequel coule la Lys. Sans la circonspection exagérée de Louvois, qui se contenta d'une ville pour son maître quand de Lorges voulait y ajouter une victoire, il eût pu être débordé par sa droite, battu, rejeté et même investi dans Valenciennes. Louis XIV, après la chute de Bouchain, laissa au maréchal d'Humières et à Vauban le soin de prendre, avec la ville d'Aire sur la Lys supérieure, la dernière place de l'Artois, et à Schomberg affaibli celui de garder la Flandre. Ce dernier eut bientôt à courir au secours de Maëstricht violemment assailli par l'*echappé* de Denain, et vaillamment défendu par un officier de cavalerie. Il était déjà à Tongres sur le Jaar quand le stathouder, las enfin, après dix assauts, du siége le plus meurtrier (29 août), se retourna contre lui et vint par Saint-Trond lui barrer la retraite. Il ne fit que la détourner sur la Sambre. Plus heureux sur le Rhin, les alliés, sous le nouveau duc de Lorraine Charles V, reprirent Philisbourg, notre porte de l'Allemagne centrale, que Luxembourg ne put secourir, et en préservèrent une autre qu'il voulut prendre dans Fribourg, sur le Treisam, au débouché du Val-d'Enfer.

C'est encore sur l'Escaut, pour enlever aux Espagnols les places enclavées dans les conquêtes précédentes, que Louis XIV ouvrit la campagne de 1677. Valenciennes fut emportée en plein jour par ses mousquetaires, et Cambrai capitula. Saint-Omer sur l'Aa se défendit mieux, et donna au prince d'Orange le temps de la secourir. Mais Philippe d'Orléans, conseillé par Luxembourg, saisit habilement l'occasion manquée par son frère, courut à sa rencontre et le défit complétement à Cassel. Renforcé par les Espagnols et par des contingents d'Allemagne, le stathouder voulut se dédommager sur Charleroi. Malheureusement il était dit « que pas un général à son âge n'aurait levé autant de siéges, ni perdu autant de batailles. » Entre Luxembourg, qui avait pris une position des plus menaçantes dans le triangle de Sambre et Meuse, et d'Humières qui allait lui couper le chemin de Bruxelles, il ne put pas même attendre le duc de Lorraine appelé de la Moselle.

Charles V était d'abord entré en Alsace par Strasbourg avec l'espérance « d'asseoir sur les Vosges et la

Sarre une base d'opérations qui devaient lui rendre ses États. » Il en trouva les places démantelées et tout le pays ruiné par un disciple de Turenne qui, inférieur pour le nombre, venait de se donner une triste compensation. Créqui le laissa franchir la Sarre, et l'attendit sur la Seille. Impuissant du côté de Marsal, protégée par un adversaire qui refusa toujours la bataille, il descendit jusqu'à Noméni. Créqui, descendu par la rive gauche, l'y attendait encore sur les hauteurs de Morville, couvrant Nancy et Pont-à-Mousson. Détourné sur Metz par une canonnade meurtrière, et suivi comme à la piste jusqu'à la frontière espagnole du Luxembourg, il ne put franchir la Moselle qu'en dehors de son duché, entre Sierk et Trèves. Sa marche à travers le Luxembourg ne pouvait être inquiétée. C'est vers le confluent du Chiers à Mouzon, qui ne fut pas défendue, que le duc atteignit la Meuse. Mais le jour même Créqui, arrivé de Thionville sans l'avoir perdu de vue, passa la rivière sous ses yeux, et s'adossant aux Ardennes avec un renfort des Pays-Bas lui barra le passage. Il fallut battre en retraite pour ne pas mourir de faim, et repasser la Moselle et la Sarre. Tout ce qu'il pût faire fut de regagner l'Alsace par Landau. Il espérait tout au moins y trouver le corps allemand du prince de Saxe pour l'aider à la soumettre. Ce fut au contraire Créqui, son vainqueur, déjà revenu d'outre-Rhin où il l'avait tourné par Brisach, et fait capituler près de Kehl dans une île du fleuve. Défait lui-même entre Strasbourg et Saverne, à

Kochersberg dans un combat d'avant-garde (7 oct.), et ne pouvant espérer d'action générale, il rétrograda sur Worms pour prendre ses quartiers d'hiver dans le Palatinat. Il croyait son adversaire, dont un fort détachement avait repassé les Vosges, au milieu des siens, à Molsheim sur la Brusche, quand il apprit qu'il avait franchi le Rhin à Brisach et se dirigeait sur Fribourg. Malgré une marche des plus rapides pour la secourir il arriva trop tard (19 novembre). Le théâtre de la guerre était désormais en Allemagne, tout espoir de recouvrer la Lorraine évanoui, et l'alternative posée par sa devise, *aut nunc aut nunquam*, résolue. Avec moins de trente mille hommes Créqui avait ruiné sans la combattre une armée de soixante. « Turenne n'aurait pas mieux fait. »

Cependant les Anglais, « qui auraient donné jusqu'à leurs chemises (1) » pour combattre la France, ne se contentaient plus d'une neutralité dérisoire. Ils imposèrent successivement à leur roi le mariage de sa nièce avec le stathouder, et « le traité d'alliance offensive et défensive avec la Hollande pour rétablir la paix (10 janvier 1678). » Ce dernier acte menait droit à la guerre. Si la France eut un répit, elle le dut au parlement anglais, qui marchandait ses subsides et rendit à Charles II son affection pour Louis XIV, ou plutôt « pour sa cas-

---

(1) Henri Martin.

sette libérale. » On en profita pour frapper un coup décisif. L'ennemi, harassé durant tout l'hiver par des alarmes continuelles, entendit tout à coup le canon gronder vers la Lys, sur le Haisne, la Sambre, la Meuse et l'Alzette, contre Ypres, Mons, Namur et Luxembourg. L'effroi fut au comble dans cette dernière place dès que l'on sut Louis XIV à Metz (26 février). Mais le 4 mars il arrivait à franc étrier au confluent de la Lys et de l'Escaut. Par un mouvement de concentration rapide, chef-d'œuvre de Louvois, cinquante mille hommes, disséminés de la Sambre à la mer, se trouvaient réunis autour de Gand. Contre cette armée et Vauban, que pouvait la capitale de la Flandre avec une garnison de cinq cents hommes ? La ville d'abord, dont beaucoup de bourgeois brisèrent leurs mousquets de colère, puis le fameux château bâti par Charles-Quint pour les tenir en bride, capitulèrent (9-11 mars). Ypres les imita quinze jours après. Ypres nous assurait tout le territoire entre la Lys et l'Yser ; Gand isolait Bruxelles et Anvers de Bruges et d'Ostende, et nous ouvrait la Flandre hollandaise, en même temps que Maëstricht nous ouvrait le Brabant. La paix de Nimègue était conquise. « Le prince d'Orange l'avait dans sa poche, » quand à Saint-Denys, près de Mons, il surprit à table Luxembourg, qui perdit sa vaisselle, mais le repoussa, comme à l'ordinaire, en sacrifiant quatre mille hommes.

Humiliée dans l'Atlantique par d'Estrées, qui reprit Cayenne, incendia, au risque d'y périr, une escadre entassée dans le port de Tabago, et fit sauter l'amiral Binkes avec la poudrière du fort, la Hollande ne perdit que l'île de Gorée et ses établissements du Sénégal. Moyennant qu'on lui rendit Charleroi, Ath, Oudenarde, Courtray, Limbourg et Gand, l'Espagne abandonna la Franche-Comté, Maubeuge, Cambrai, Bouchain, Valenciennes et Condé, c'est-à-dire la limite du Jura, la haute Sambre et l'Escaut jusqu'au confluent du Haisne; Aire et Saint-Omer, c'est-à-dire la Lys et l'Aa supérieurs; Cassel et Poperingue, Bailleul et Ypres, c'est-à-dire le pays entre la Lys et l'Yser. Ses frontières de l'est et du nord étendues et fortifiées, la France n'avait plus qu'à mettre à la raison l'Empire, le Danemark et le grand Electeur (1678, 17 sept.).

Déjà le duc de Lorraine, qui croyait pénétrer en Alsace par Rheinfeld et Bâle, avait été par Créqui battu et rejeté sur la Kintzig. Battu encore à Offembourg et rejeté dans le Palatinat, il avait laissé prendre Kehl et brûler le pont de Strasbourg. L'empereur, en face des Hongrois et des Turcs qui s'étaient mis de la partie, céda Fribourg (5 février) et permit aux princes allemands des traités séparés. Les Brunswick, qui avaient pris à la Suède Verden et Brême, les bouches de l'Elbe et du Weser, ne se firent pas prier pour les rendre. Mais le grand Electeur fut plus difficile. Après avoir, par la bataille de Fehrbellin, détruit une armée suédoise qui était venue l'attaquer au centre du Brandebourg, il avait conquis successivement et prétendait garder les deux Poméranies avec Stettin, c'est-à-dire les bouches de l'Oder. Créqui, sur un ordre de Louis XIV, commença par mettre la main sur ses possessions rhénanes et westphaliennes, et marcha sur le Weser, dont il força le passage à Minden. Il se dirigeait vers l'Elbe, par Magdebourg, pour marcher sur Berlin, quand le traité de Saint-Germain l'arrêta (1679, 19 juin).

Trois victoires navales dans le Sund, avec l'aide des Hollandais, avaient permis aux Danois de Christian V de ravager l'île de Rugen et les côtes scandinaves, et de prendre, malgré l'énergique résistance de Charles XI, l'île de Gothland, une partie de la Scanie et l'empire de la Baltique. Les Français n'eurent qu'à entrer dans le duché d'Oldembourg; et le traité de Fontainebleau, comme celui de Saint-Germain, donna satisfaction à la Suède. Une paix qui, outre l'honneur de faire la loi à l'Europe et d'imposer sa langue à la diplomatie, valait à la monarchie française une belle province et douze places fortes, ne devait pas coûter à notre alliée unique un pouce de terrain. Mais la guerre avait duré sept ans sans que l'Angleterre fît rien contre nous. Sur le même théâtre, et malgré l'Angleterre, la république doit obtenir, par une lutte de moitié moins longue, des résultats plus merveilleux encore.

II

GUERRE POUR LA LIMITE DU RHIN.

(20 Avril 1792 — 5 Avril 1795.)

I. — **Dumouriez. Soumission et perte des Pays-Bas** (1792-1793).

Rupture prévue entre la France révolutionnaire et l'Europe monarchique. — Déclaration de guerre à l'Autriche. — Revers des Français sur la Lys et l'Escaut. — Invasion des Prussiens. — Campagne de l'Argonne. — Valmy. — Retraite de Brunswick. — Défaite de Clairfayt à Jemmapes. — Occupation de la Belgique jusqu'à la Meuse, de la rive gauche du Rhin jusqu'au confluent du Mayn, de la Savoie et du comté de Nice jusqu'aux Alpes. — Première coalition. — Invasion de la Hollande. — Revers sur la Meuse. — Neerwinden. — Défection de Dumouriez.

La convention (1) austro-prussienne de Pilnitz (27 août 1791), bientôt suivie d'un traité formel (7 février 1792) « pour mettre un terme aux troubles de la France, » le rassemblement à Turin et à Coblentz d'une

---

(1) Entre Frédéric-Guillaume II et Léopold II.

émigration menaçante, favorisée par le Piémont et les électeurs ecclésiastiques et soutenue par l'empereur, enfin l'appui donné par la diète de Ratisbonne aux réclamations féodales des princes allemands possessionnés en Alsace, venaient de révéler un projet de croisade contre la Révolution et notre indépendance nationale. De son côté, le ministre girondin le plus habile, le plus influent et le plus résolu de Louis XVI, ne dissimulait pas le sien de compléter nos limites naturelles aux Alpes et sur le Rhin. Les négociations pour ramener les princes et les nobles fugitifs qui appelaient les étrangers, ou pour obtenir leur dispersion, ne pouvaient donc aboutir. Aussi ne fut-on pas surpris lorsque, à la sommation de les éconduire, celle de les rétablir dans leurs biens et *honneurs*, et de rendre à notre royauté constitutionnelle toutes les prérogatives de 1789, annonça que la paix n'existait plus. La guerre proposée par le monarque et décrétée par la *Législative*, une guerre européenne de vingt-trois ans, allait commencer.

Trois armées françaises, fortes chacune d'environ cinquante mille hommes, étaient échelonnées à la frontière, de Philippeville, sur la Meuse, à la mer et au Rhin, et le long du fleuve jusqu'à Bâle, sous Rochambeau, Lafayette et Lukner. Dumouriez ordonna aux deux premières d'envahir la Belgique, autrichienne depuis le traité d'Utrecht. Mais, à la vue de l'ennemi qu'elles rencontrèrent aux environs de Mons et de Tournai, les deux colonnes du centre ou de l'Escaut jetèrent leurs armes ou s'en servirent contre leur général, l'infortuné Dillon (2 avril 1792). Cette débandade honteuse et criminelle força les deux ailes convergentes du littoral et de la Meuse, qui de Dunkerque et de Stenay marchaient sur Furnes et Namur, de rentrer en France.

Les Autrichiens, au lieu de les y suivre, attendirent les Prussiens, qui deux mois après lancèrent leur manifeste fameux, ou se mirent en campagne sous Ferdinand de Brunswick, déjà illustre depuis la guerre de sept ans pour avoir étouffé une révolution dans les Pays-Bas (1787). C'étaient, avec les Impériaux et les émigrés, cent soixante mille hommes de troupes régulières exercées, pourvues de tout, conduites par des généraux méthodiques et expérimentés, qu'on opposait à cent mille conscrits ou soldats sans discipline et sans approvisionnements, sous des officiers sans influence et des généraux sans renommée. Rien ne semblait facile comme de percer le centre de la ligne française, éparpillée du coude du Rhin au Pas de Calais, et d'arriver à Paris par la Moselle, la Meuse, l'Argonne et la Marne. Mais, depuis la défection de la Fayette, Dumouriez commandait l'armée du Nord et Kellermann celle de l'Est, entre lesquelles il fallait passer.

De Luxembourg, les Prussiens marchèrent sur Longwy, qui, après quinze jours de bombardement, capitula. Verdun ouvrit ses portes ; et Brunswick s'étendit sans obstacle, mais avec une lenteur imprudente, le long de la Meuse. Dumouriez, qui allait entrer en Belgique, eut le temps d'accourir, et, contre l'avis de tous les généraux, qui voulaient reculer derrière la Marne, entreprit de fermer l'Argonne occidentale. Par une marche rapide et des plus téméraires, qui, de Sedan à Stenay, vint le long de l'Argonne, culbutant les avant-postes ennemis, rejeter pour un moment les Prussiens à la rive droite, il fit occuper successivement du nord au sud « les cinq passages de ces hauteurs boisées, coupées de marais et de ruisseaux (1), » et prit lui-même, au confluent de l'Aisne et de l'Aire, une position formidable au défilé central de Grand-Pré. Il n'eut pas de peine à en repousser l'ennemi, qui échoua de même à droite contre les Islettes et la Chalade ; mais, trouvant à gauche la Croix-aux-Bois dégarnie, s'en empara et s'y maintint. Coupé de ses communications avec le corps principal, celui qui gardait le défilé septentrional du Chêne populeux n'eut plus qu'à se mettre en retraite, par Attigny et Suippe, sur Châlons. Les Thermopyles de la France étaient franchies.

Dumouriez alors, menacé d'une double attaque de front et de flanc par des forces quintuples qui allaient le prendre entre deux rivières, décampa la nuit. Mais au lieu d'aller attendre en plaine et derrière la Marne une bataille des plus chanceuses dont Paris serait l'enjeu, il passa l'Aisne qu'il remonta jusqu'à Sainte-Ménehould.

---

(1) Théoph. Lavallée.

De là, son centre adossé à la ville et aux Islettes qu'un de ses lieutenants avait pour mission de défendre jusqu'à la dernière extrémité, appuyant sa droite à la rivière et sa gauche à des étangs, il appela à lui de l'ouest Beurnonville et de l'est Kellermann qui lui arrivèrent par Châlons et Vitry. Avec soixante-dix mille hommes sous la main, il n'hésita point à laisser libre la route de Châlons et de Paris d'où lui venaient encore, pour grossir le camp de la Marne, deux mille volontaires par jour. Plutôt que de s'exposer à être pris entre l'armée et le grand foyer révolutionnaire, le duc de Brunswick se retourna contre l'armée, et, après une violente canonnade, lança trois colonnes contre la butte de Valmy (20 sept.). Reçus à la baïonnette par Kellermann et aux cris prolongés de : Vive la Nation ! les assaillants s'arrêtèrent devant « la cohue des savetiers, » pour ensuite battre en retraite, repasser l'Argonne et la frontière en laissant vingt mille cadavres dans les boues de la Champagne ou les clairières de la forêt. Ils avaient hâte de regagner Coblentz et leur pont unique du Rhin que ne pouvaient couvrir les Impériaux repoussés de Thionville par une garnison héroïque, abandonnant l'Alsace devant Custine, et laissant tomber Worms, Spire, Mayence, jusqu'à Francfort. Pour arrêter les Autrichiens après leur succès au confluent de la Scarpe et de l'Escaut, contre le camp de Maulde et le rejeter en Belgique, il suffit de la garnison de Lille cruellement bombardée pendant douze jours, et de la marche annoncée des soldats de Valmy. En même temps, l'apparition d'Anselme avec six mille hommes et quelques vaisseaux, celle de Montesquiou avec vingt mille, nous donnaient le comté de Nice et la Savoie. La question entre les armées princières ou aristocratiques et les armées populaires était jugée.

Dans tout Paris où les *hulans*, qui s'en étaient approchés jusqu'à moins de quinze lieues, avaient naguères jeté l'effroi sans que Dumouriez s'émût des plaintes et voulût changer son plan pour ce qu'il appelait des *housardailles*, on fit une réception des plus flatteuses. Dans la Convention nationale son projet de conquérir, outre la Belgique, la frontière du Rhin franco-allemand, reçut l'accueil le plus sympathique. Il pouvait le réaliser d'un seul coup en isolant les Autrichiens de l'Allemagne, par une marche rapide sur le fleuve jusqu'à Wesel, ou sur la Meuse jusqu'à Ruremonde pour donner la main à Kellermann, qui descendrait la Moselle jusqu'à Coblentz, et se joindrait à Custine maître de Mayence et du Mayn inférieur. Mais plutôt que de les déloger de la Belgique sans combat en opérant sur leur flanc, il préféra les assaillir au centre et de front sur le Haisne, et les pousser dans un cercle plus étroit que devaient former ses lieutenants. Ils avaient pour mission de le faire, Valence à droite par la Meuse jusqu'à Maëstricht, Labourdonnaie à gauche par la Flandre maritime jusqu'à Anvers et la frontière hollandaise jusqu'au confluent de la Roër. Les hauteurs boisées de Cuesmes et de Jemmapes, « malgré leurs trois étages de redoutes garnies de cent bouches à feu, et défendues par vingt-cinq mille hommes sous Clairfayt, » furent enlevées au pas de charge (24 oct. 1792). Le dénûment des vainqueurs plutôt que la résistance des vaincus retarda l'entrée triomphale de Dumouriez à Mons, à Bruxelles, à Louvain, à Liége, à Aix-la-Chapelle (8 déc.), de Valence à Charleroi et à Namur, de Labourdonnaie à Ostende, à Bruges, à Gand, à Anvers. L'Escaut était rouvert et la Belgique française de la mer à la Meuse. Mais, en face des Autrichiens ralliés et renforcés derrière la Roër, la désertion des volontaires « engagés pour servir la patrie et non pour mourir de faim, » le mouvement tardif de l'armée de la Moselle qui, après de brillants combats autour de Trèves, recula sur la Sarre, les opérations purement révolutionnaires de l'armée du Rhin, sous Custine qui laissa reprendre Francfort, n'en permettaient pas davantage. Le pays entre la Meuse et le Rhin était encore à conquérir.

Deux mois après, avec quatre-vingt mille hommes sur la Meuse et l'Escaut, Dumouriez se trouvait en mesure de l'entreprendre, et peut-être l'eût-il exécuté sans les provocations insensées d'une Convention régicide, le machiavélisme et l'or de Pitt qui ameutèrent contre « le comité révolutionnaire de tous les peuples, » avec l'Autriche, la Prusse et le Piémont, l'Angleterre et la Hollande, l'Espagne et le Portugal, la Toscane, Rome, Naples et l'Allemagne tout entière. Séduit par la promesse des émigrés bataves qui montraient leur pays prêt à s'insurger contre le stathouder(1), il résolut, traversant le Biesboch avec vingt-cinq mille hommes, de marcher droit à Amsterdam par les embouchures des fleuves et la base du Delta. Il remonterait ensuite par Utrecht vers le sommet où descendraient ses lieutenants venus de la Meuse, en occupant Maëstricht, Venloo et Nimègue. L'exécution de ce plan audacieux pouvait avoir des résultats immenses; car toutes les défenses de la Hollande, bientôt placées entre le corps expéditionnaire de l'Escaut, qui les prendrait à revers, et ceux de la Meuse qui les attaqueraient de front, devaient tomber d'elles-mêmes. Elles servaient alors de point d'appui, non plus à la coalition armée contre la France, mais à l'armée française contre l'Allemagne isolée de l'Angleterre. Il fallait seulement que les forces défensives échelonnées aux frontières de l'Est réussissent à contenir, ou tout au moins à ralentir le mouvement offensif des ennemis.

Le début de la campagne ne fut pas sans éclat. Dumouriez partit d'Anvers avec dix-huit mille hommes (20 février 1793). Il suffit d'un double détachement pour nous assurer de Berg-op-Zoom et de Willemstadt, de quelques bombes pour nous donner Bréda, le fort de Klundert et Gertruydemberg avec un matériel considérable et précieux. Inquiétés « dans leur camp des Cas-

---

(1) Guillaume V.

tors, » par le feu d'une frégate et de chaloupes ennemies, nos soldats attendaient gaiement, quoique avec impatience, la flottille réunie pour leur embarquement. Tout semblait prêt, malgré la présence des troupes stathoudérales à Gorcum et dans l'île Dort, pour le passage du Biesboch, quand les ordres réitérés du pouvoir exécutif, des revers sur la Meuse, et le désaccord des généraux rappelèrent Dumouriez (9 mars).

Des trois cent mille hommes, qui, du coude aux bouches du Rhin, marchaient contre la France, soixante-dix mille s'étaient concentrés entre l'Erft et la Roër. Leur général, un vainqueur des Turcs, le prince de Saxe-Cobourg, franchit la Roër sans obstacle, et par Duren et Aldenhoven alla surprendre Aix-la-Chapelle. Les généraux français, qui disposaient de forces à peu près égales, auraient dû les masser autour de Maëstricht, qu'assiégeait Miranda, et attendre les Austro-Prussiens, en bataille comme le prescrivait Dumouriez. Mais cantonnés sur un espace de trente lieues dans le triangle formé par la Roër, la Meuse et la Vesdre, ils furent contraints, pour n'être pas entièrement coupés les uns des autres, de reculer. Ils le firent isolément et en désordre dans toutes les directions. Le corps de Valence, affaibli de six mille hommes, ne parvint à réunir ses divisions éparses qu'à Liége. De là il courut vers Saint-Trond, entre la Demer et la Petite-Ghète, à la rencontre de Miranda rejeté de Maëstricht sur Tongres, et de la division de Ruremonde en retraite sur Dietz. Ce ne fut que derrière la Grande-Ghète qu'un ralliement général permit d'attendre Dumouriez.

Il accourut sur la Dyle (13 mars); et sans rien prendre au corps expéditionnaire de Hollande, qui garda ses cantonnements et ses espérances, réunit quarante mille hommes en avant de Louvain. C'étaient à ses yeux, l'unité comme la discipline étant rétablie, des forces suffisantes pour rejeter l'ennemi derrière la Meuse et permettre un retour offensif aux bouches du Rhin contre une capitale de la coalition. Mais avec des troupes démoralisées par les désertions et les revers, dans un pays exaspéré par les agents révolutionnaires de la Convention, et « qu'on ne pouvait défendre qu'en gagnant des batailles, » il n'y avait pas de temps à perdre. Dumouriez marcha résolument vers la Grande-Ghète où les Autrichiens venaient d'occuper Tirlemont. Il les en chassa, prit à Goidsenhoven une position dominante entre les deux Ghètes et la garda, malgré une tentative meurtrière de Cobourg pour l'enlever. Les deux armées, de forces à peu près égales, ne furent bientôt séparées que par la Petite-Ghète sur un front de deux lieues. Dumouriez la franchit avec non moins de bonheur que d'audace en face des Autrichiens immobiles. Ils l'attendaient sur les hauteurs anguleuses et hérissées d'artillerie que flanquaient les villages d'Oberwinden et de Neerwinden (18 mars). Trois fois enlevé et trois fois perdu, ce rentrant, jugé inexpugnable, pouvait céder le lendemain à un assaut décisif du centre et de la droite pivotant sur la gauche. Dumouriez l'avait résolu, quand de ce côté l'absence de feux lui révéla pendant la nuit un obstacle inattendu, qu'il voulut reconnaître en personne, au risque d'être pris par les hulans. Son lieutenant Miranda, n'ayant pu avec douze mille hommes soutenir le choc de vingt mille, s'était replié derrière les Ghètes sur Tirlemont avec son aile en désarroi, laissant isolé, avec une rivière à dos, le reste de l'armée. Dumouriez la ramena deux fois vers sa position de Wommersen perdue la veille. Une charge à la baïonnette pouvait la lui rendre quand un boulet emporta son cheval. Relevé sanglant et couvert de terre, Dumouriez, en face d'un vainqueur qui l'admire, ordonne et dirige froidement la marche rétrograde de ses divers corps entre et derrière les Ghètes, et en avant de la Dyle. Il fallut toutefois, pendant sa glorieuse retraite sur Louvain, engager une quatrième action qui coûta huit cents hommes à Cobourg.

Dans sa position au centre d'un demi-cercle de places fortes comme Namur, Mons, Tournay, Courtray, Anvers, Bréda et Gertruydemberg, Dumouriez pouvait attendre des renforts, et tout espoir de conserver la Belgique et de conquérir la Hollande n'était pas perdu. Malheureusement la désorganisation de l'armée de Hollande, le délaissement par la Convention de celle de Belgique, la chute ou l'évacuation des places protectrices, enfin un projet de restauration monarchique ramenèrent à la frontière le généralissime déçu, escorté plutôt que poursuivi par les Autrichiens. Les négociations coupables commencées sur la Dyle pour renverser la république n'en continuèrent pas moins sur la Scarpe et l'Escaut. De ses camps de Bruille et de Maulde, à portée de Lille, de Valenciennes et de Condé qui le repoussèrent tour à tour, il parla de marcher sur Paris où « des tigres demandaient sa tête. » Mais le vaincu de Neerwinden n'avait plus l'ascendant du héros de l'Argonne et du vainqueur de Jemmapes. Les soldats patriotes « qui avaient baisé ses bottes devant les commissaires de la Convention » et les avaient arrêtés, reçurent avec un morne silence la proposition de la détruire et d'humilier la France devant les étrangers. Ce fut sous une grêle de balles françaises qu'il alla conférer avec Cobourg. Dans sa défection ou plutôt son exil il ne put entraîner qu'un régiment de hussards avec son état-major, et les princes d'Orléans dont l'aîné devait être roi (4 avril).

II. — Guerre de siéges (1793).

Répartition entre les alliés de nos places fortes à conquérir. — Siége et prise de Condé, de Valenciennes, du Quesnoy. — Siége et déblocus de Dunkerque. — Hondschoote et Menin. — Siége et déblocus de Maubeuge. — Wattignies. — Siége et prise de Mayence. — Campagne des Vosges. — Perte et reprise des lignes de Weissembourg. — Déblocus de Landau. — Retraite des Impériaux et des Prussiens derrière le Rhin. — Revers des Français aux Alpes et aux Pyrénées.

Divisée et trahie, l'armée républicaine semblait perdue, et le chemin de Paris était ouvert sans l'égoïsme cupide des membres de la coalition. Mais il fallait à l'Autriche, pour l'indemniser et la garantir, nos places de l'Escaut, tout au moins Condé et Valenciennes. Renforcé par les Anglo-Hollandais sous le duc d'York, Cobourg, avec cent mille hommes disséminés de la frontière de la Meuse à la mer, avait peu à s'inquiéter, malgré des engagements partiels et des plus vifs sur toute la ligne, de quarante mille Français ralliés sous Bouchain par le successeur de Dumouriez. Condé fut investic, et le général Dampierre tué dans une tentative pour sa délivrance. Lamarche ramena son armée au camp de Famars, couvert par la Ronelle et couvrant Valenciennes ; puis, ne pouvant tenir contre des forces doubles, au camp de César couvert par l'Escaut et couvrant Bouchain. Après cette double retraite, qui ne fut pas sans gloire, l'ennemi n'eut plus qu'à attendre la chute de Condé comme celle de Valenciennes (28 juillet), et à préparer celle du camp de César. Mais Kilmaine lui échappa encore en traversant la Sensée pour se retirer derrière la Scarpe au camp de Gavrelle (8 août). Cette ligne de hauteurs fortifiées reliait Arras et Douai, comme celle du camp de César Cambrai et Bouchain. Cobourg allait investir Cambrai. Déjà ses coureurs fourrageaient le long de la Somme, aux portes de Péronne, jusqu'à Saint-Quentin sur la route de Paris, quand un ordre de Pitt lui enleva quarante mille hommes et le duc d'York pour assiéger Dunkerque. Il fallait à l'Angleterre ce qu'elle avait longtemps possédé par Calais... une clef de la France. Cobourg alors retourna sur la Ronelle, et par le Quesnoy s'empara du territoire entre l'Escaut et la Sambre. Son allié fut moins heureux.

Dunkerque n'était accessible qu'au nord, par Furnes et une langue de terre très-resserrée entre la mer et les marais de la Grande-Moër, qui baignaient les deux places. C'est par là qu'arriva le duc d'York avec trente-cinq mille hommes. Une flottille devait sortir de la Tamise pour coopérer au bombardement du côté de l'ouest. Du côté de l'est, pour intercepter les secours, se tenait, près de Rouxbrugges, sur le moyen Yser, un corps d'observation autrichien sous le maréchal Freytag, et à trois marches de là, sur la moyenne Lys, près de Menin, un corps hollandais sous le prince d'Orange. C'étaient en tout soixante-cinq mille hommes. Le nouveau généralissime de l'armée du Nord, Houchard, pouvait, au moyen de nos garnisons du Nord, en réunir un pareil nombre à Lille, se diriger rapidement sur Furnes, et assaillir avec la chance de les écraser successivement, car ils étaient isolés, l'armée de siége d'abord, les deux corps d'observation ensuite. C'était l'avis du comité de salut public. Houchard aima mieux, avec vingt-cinq mille hommes seulement, se ruer par la gauche et de front sur Freytag, qu'il défit entre l'Yser et la Colme, à Rexpoëde et à Hondschoote, rejeta et poursuivit sur Furnes. La retraite des Autrichiens était on ne peut plus compromettante pour les assiégeants, qui opéraient sur un terrain sablonneux, où la tranchée découvrait l'eau à moins d'un mètre, et que labouraient déjà les boulets d'une flottille française. Le duc d'York pouvait être pris entre la mer et la Grande-Moër, l'armée victorieuse et les assiégés, dont les sorties sous Hoche et Souham étaient aussi fréquentes que meurtrières. Le duc d'York abandonna prudemment ses lignes pour rallier au nord les vaincus de Hondschoote. Dunkerque était délivré ; mais l'armée de siége, réunie à celle d'observation, était en mesure de tenir tête aux vainqueurs. Houchard alors se retourna contre le prince d'Orange, et par Ypres, tandis que du confluent de la Deule le camp de Lille s'écoulait par la Lys, marcha sur Menin. Les Hollandais, malgré leur résistance opiniâtre, n'y purent tenir jusqu'à l'arrivée de Beaulieu, qui accourait du Quesnoy, et arrêta les vainqueurs en marche sur Courtray. Un nouvel engagement présageait un nouveau succès, quand l'apparition imprévue d'un corps de cavalerie sur les ailes et un perfide *sauve qui peut,* semant partout la panique, nous ramenèrent en désordre à Menin. On ne se rallia que sous le canon de Lille.

Libre alors de ses mouvements, Cobourg revint encore du côté de la Sambre pour mettre la main sur Maubeuge comme il avait fait sur le Quesnoy, arrondir le territoire autrichien dans le bassin de la Meuse, et s'avancer d'une étape vers Paris. C'était compter sans la tactique et l'armée nouvelle du comité de salut public qui lui enleva bientôt ses illusions. A la tête de quarante-cinq mille hommes réunis à Guise, un chef de bataillon, devenu général après Hondschoote, Jourdan accourut de l'Oise à la Grande-Helpe par la route d'Avesnes, et, marchant en cinq colonnes droit aux assiégeants retranchés à Wattignies, réussit, malgré deux jours de résistance opiniâtre, à les rejeter derrière la Sambre (16 octobre). Maubeuge était sauvée, et l'Autrichien ramené sur les Anglo-Hollandais entre la Sambre et l'Escaut.

La Prusse, de son côté, soutenue par les Impériaux, qui songeaient encore à l'Alsace, visait à des conquêtes personnelles. Frédéric-Guillaume II franchit le Rhin à Baccarah (25 mars), et l'Autrichien Wurmser à Spire, au-dessous et au-dessus de Custine, qui, au lieu de les occuper sur la rive droite, se tenait à Worms pour couvrir Mayence. Custine laissa encore le roi surprendre le passage de la Nahe et investir la place. Alors, plutôt que de réunir les armées de la Moselle et du Rhin contre ses deux adversaires qu'il pouvait battre successivement, il laissa la première immobile sur la Sarre et ramena la seconde sur la Queich et même sur la Lauter. Cent mille Austro-Prussiens, séparés comme elles par les Vosges, les y continrent jusqu'à la chute de Mayence (25 juillet), héroïquement défendue par Kleber et vingt mille braves. Alors, pour relier à travers les montagnes ou isoler complétement les armées combinées, eut lieu sur chaque versant de la chaîne un double mouvement offensif. L'impétueux Wurmser enleva d'abord, sur la haute Lauter, l'importante position de Bodenthal, qui ouvrait ses communications avec Brunswick, maître sur le revers opposé de celle de Pirmasens. Les Français du camp de Weissembourg parvinrent à reprendre Bodenthal, mais ceux du camp de Hornbach, repoussés avec perte de Pirmasens, furent rejetés sur Bitche au milieu des Vosges. L'armée de la Moselle recule alors jusqu'à Sarreguemines, au confluent de la Blies et de la Sarre; et celle du Rhin, pour n'être pas tournée par sa gauche, derrière la Moder, jusqu'au Zorn. Les lignes de Weissembourg, Fort-Vauban, Haguenau étaient perdues, l'Alsace envahie, Landau bombardée. On complotait de livrer Strasbourg.

Alors déboucha de la Sarre (17 novembre), avec la mission de rallier les deux armées françaises, le jeune et intrépide Hoche, l'heureux défenseur de Dunkerque. Brunswick, pour atteindre un but semblable en se joignant à Wurmser à travers les montagnes, venait d'assaillir le fort de Bitche. Vigoureusement repoussé par la garnison, et mécontent de son collègue qui se tenait à la hauteur de Strasbourg, le général prussien rétrograda sans l'en prévenir sur Kayserslautern, à la hauteur de Manheim. Hoche l'y suivit et n'hésita point à l'attaquer. Mais repoussé après trois jours de combats furieux, il dut rétrograder à son tour. Seulement il rallia ses troupes à Deux-Ponts, à Hornbach, à Pirmasens; et, mettant à profit l'éloignement de Brunswick, s'engagea résolument avec douze mille hommes dans la profondeur des Vosges, « dont il enleva successivement toutes les positions dominantes et centrales (1). » Sa marche transversale, en plein hiver et par des chemins affreux, eut le même succès que la marche longitudinale de Turenne en 1675. Il gravit le sommet de la chaîne, et par Woerth tomba dans le flanc de Wurmser, que le général de l'armée du Rhin, Pichegru, assaillait de front. Les Vosges étaient à nous dans toute leur épaisseur, la droite des Autrichiens compromise, et leur retraite forcée. Elle se fit en désordre et avec de grandes pertes sur les lignes de Weissembourg, où ils purent attendre Brunswick et ses Prussiens. Mais alors les deux armées de la Moselle et du Rhin se trouvaient réunies sous le commandement de Hoche, qui les emporta au milieu des cris mille fois répétés : « Landau ou la mort! » Incapables, après l'évacuation de Haguenau, de Fort-Vauban et des lignes de la Lauter, de tenir plus longtemps sur la rive gauche du Rhin, les Autrichiens le repassèrent à Gemersheim (28 décembre), et laissèrent les Prussiens regagner Mayence comme ils purent. Le sol français était libre, et Landau débloquée. Nos soldats hivernèrent dans le Palatinat.

Il n'en fut pas de même aux frontières du sud et du

---

(1) Théoph. Lavallee.

sud-est, du côté de l'Espagne et de l'Italie. Négligées par la Convention, qui, avec moins de vingt-cinq départements contre soixante, n'avait pas eu seulement l'Europe à combattre, mais encore les insurrections girondines et royalistes de Caen, de Bordeaux, de Lyon, de Marseille, de Toulon, de la Vendée et des Cévennes à étouffer, nos armées des Alpes et des Pyrénées venaient de subir les conséquences naturelles de leur isolement de Paris. La première échoua dans sa tentative pour enlever le col de Tende, et se fit repousser par les Piémontais du camp de Saorgio. La seconde, battue par Ricardos sur la Tech et le Tet, recula en désordre sous le canon de Perpignan qui arrêta les fuyards et les vainqueurs.

III. — Conquête de la Belgique (1794).

Nouveau système de guerre. Carnot. — Les deux péninsules ouvertes aux Français par la chute des camps de Saorgio et du Boulou. — Pichegru. Opérations de l'armée du Nord pour fermer au prince de Cobourg la route de Paris et s'ouvrir les Pays-Bas. — Batailles de Trois-Villes, de Courtray, de Turcoing, de Pont-a-Chin. — Jourdan. — Opérations de l'armée de Sambre-et-Meuse. Fleurus. — Marche convergente des deux armées françaises sur Bruxelles. — Evacuation de la Belgique par les Autrichiens et les Anglo-Hollandais.

Les résultats généraux de la dernière campagne, fruits des efforts herculéens d'un patriotisme farouche, purent aux hommes de 93 fournir matière à glorifier le régime de la terreur. Mais on les devait surtout à l'inauguration d'un nouveau système de guerre entrevu par Gustave-Adolphe, Turenne et le grand Frédéric, expliqué par Carnot au Comité de salut public qui l'imposa aux généraux, et bientôt appliqué dans sa perfection par un général de vingt-sept ans, alors aux portes de l'Italie. C'étaient la levée et l'attaque en masses, les opérations militaires combinées d'après un plan uniforme malgré la diversité et l'éloignement de leurs théâtres, la marche rapide et la concentration imprévue des armées sur un point décisif où l'ennemi dérouté se trouvait le plus faible. Du succès d'une bataille, ou d'une manœuvre allait dépendre désormais le sort d'une province et même d'un Etat.

La levée en masse de 1794 avait donné douze cent mille hommes, dont au commencement d'avril les deux tiers furent en ligne. C'était plus que ne pouvait la coalition « réduite à ses ressources régulières de recrutement et de finances. » Le tacticien Mack n'avait pas moins réglé à Londres sous les yeux de Pitt une double marche sur Paris : la première au nord, des Autrichiens et des Anglo-Hollandais par la trouée des Ardennes, après la prise de Landrecies ; la seconde à l'ouest, des émigrés et des Anglais par la Loire, après la résurrection de la Vendée. Ce plan hardi, réalisable l'année précédente, arrivait trop tard. La chute du camp piémontais de Saorgio (28 avril) devant le vieux Dumerbion et le jeune Bonaparte, celle du camp espagnol du Boulou (1er mai) devant Dugommier avaient ouvert à nos armées des Alpes et des Pyrénées les portes des deux péninsules, que tous les chemins de Paris étaient encore, et pour longtemps, fermés à la coalition.

Cependant cinq cent mille hommes se trouvaient en présence du Rhin à l'Océan, à peu près également répartis entre les puissances belligérantes sur la Lauter et le Spirebach, la Sarre et la Moselle, la Sambre et la Meuse, l'Escaut et la Lys. Pichegru commandait en chef notre armée du Nord contre le prince de Cobourg qui vint assiéger Landrecies. L'insuccès d'attaques décousues, et partant infructueuses pour la débloquer, décida une manœuvre d'ensemble plus large et mieux combinée aux deux ailes, sur la Lys et la Sambre; au centre, entre la Sambre et l'Escaut. Le centre fut repoussé devant les hauteurs retranchées de Trois-Villes par le duc d'York; et, ramené en désordre à Cambrai, laissa tomber Landrecies. La droite ne put rien entreprendre contre Kaunitz, mais la gauche sous Moreau et Souham emporta Courtray, battit à Moucroen Clairfayt qui laissa encore tomber Menin, et, devant Courtray qu'il voulut reprendre, ne perdit pas moins de trois mille hommes. Qu'au lieu de le tourner par le sud, ce qui lui permit de gagner Thielt, Souham l'eût fait par le nord, le général autrichien était coupé de la Flandre et pris entre la ligne française et la mer.

Cependant Pichegru enhardi par le succès de ses lieutenants et l'inaction de Cobourg partagea son centre entre ses deux ailes. Son adversaire en fit autant et avec l'état-major autrichien arrêta d'abord un *plan de destruction*. Il s'agissait de couper de Lille, sa base d'opérations, la ligne avancée des Français en réunissant par un mouvement concentrique à Turcoing tous ses corps disséminés du confluent de la Scarpe à celui de la Mandels (1). Mais nos généraux furent les premiers à y réunir soixante-dix mille hommes, et battirent isolément les colonnes ennemies qui en comptaient cent mille. Pichegru arrivé le lendemain de la bataille se mit à la poursuite des vaincus, et en ramena la plus grande partie sur l'Escaut, où la mêlée sanglante de Pont-à-Chin ne décida rien. Le siége d'Ypres fut plus heureux en amenant Clairfayt de Thielt à Hooglède pour essuyer une défaite nouvelle (13 juin). Elle décida la reddition d'Ypres (17 juin) et la marche en arrière de Cobourg vers la Sambre. Là se trouvait la clef de la moyenne Meuse par laquelle on pouvait aux Autrichiens couper leur ligne de retraite sur le Rhin, et d'un seul coup en délivrer la Belgique.

Il fallait pour cela avec l'armée de Maubeuge, contre la gauche des alliés sous Kaunitz, établi entre Mons et Charleroi, opérer le mouvement qui avait si bien réussi à celle de Lille contre leur droite. Les représentants Saint-Just et Lebas n'hésitèrent pas. Quatre fois en trois semaines (mai), on les vit le sabre à la main, stimulant

---

(1) Affluent de la Lys qui arrose Hooglède et Rosebecque.

les généraux par la terreur, conduire nos soldats électrisés par leur bravoure, au delà de la Sambre, à l'assaut des positions ennemies. Repoussés quatre fois ils durent revenir à la rive opposée, laissant près de dix mille hommes sur les champs de bataille de Grandreng, du Péchant et de Marchiennes. Carnot reconnut enfin l'insuffisance des moyens d'attaque. Rassuré par l'inaction des Prussiens et leur refus de coopérer sur la Sambre avec leurs alliés, il appela de l'armée de la Moselle, renforcée d'un détachement de celle du Rhin, quarante-cinq mille hommes avec son général. Jourdan accourut à marches forcées. Il arriva au moment où Saint-Just et Lebas revenaient d'un cinquième passage aussi infructueux que les précédents (3 juin). L'armée de Sambre-et-Meuse dont il prit le commandement compta alors près de cent mille hommes. Elle franchit la Sambre et investit Charleroi. Malheureusement elle n'était pas encore toute en ligne quand l'ennemi vint avec des forces supérieures la précipiter des hauteurs de Fleurus et la ramener en deçà de la rivière (16 juin). Un septième passage n'en fut pas moins résolu. Il réussit; et « le nœud de la campagne, » Charleroi vigoureusement attaqué se rendit sept jours après. Il en était temps. Cobourg accouru de Tournay arrivait à Nivelles, et y réunissait soixante-quinze mille hommes. Ignorant la capitulation, et comptant sur une diversion des assiégés, il engagea la bataille contre quatre-vingt mille, rangés en demi-cercle sur les hauteurs de Fleurus. La bataille fut acharnée, mais la victoire des Français décisive (25 juin).

Quinze jours après (10 juillet), une marche convergente sur Bruxelles de Jourdan par Mons, de Pichegru par le littoral, Bruges et Gand, réunissait l'armée de Sambre-et-Meuse et celle du Nord dans la capitale des Pays-Bas autrichiens. Mais la double retraite dans la même direction de Cobourg et du duc d'York les avait à leur tour réunis derrière la Dyle. On pouvait s'attendre à une nouvelle action quand les Anglo-Hollandais et les Autrichiens se séparèrent, préoccupés uniquement, les premiers du salut des Provinces-Unies, les seconds des moyens de se rapprocher du Rhin. C'était le cas pour nos généraux de rester unis et de les battre isolément. Pichegru aima mieux, marchant sur Malines, s'attacher au duc d'York qui ne fit que traverser Anvers et se retira sur Bréda, et Jourdan à Cobourg, qui, défait à Louvain, ne s'arrêta plus que derrière la Meuse. Les vaincus alors respirèrent. Le Comité de salut public venait de prescrire à nos généraux de s'arrêter l'un à Liége, l'autre à Anvers jusqu'à la délivrance de Landrecies, du Quesnoy, de Valenciennes et de Condé (25 juillet). Trois divisions et le mois d'août suffirent à cette œuvre. Au commencement de septembre nos armées reprirent leur mouvement offensif.

IV. — Conquête de la Hollande et de la ligne du Rhin (1794-1795).

Opérations de l'armée du Nord sous Pichegru contre le stathouder et le duc d'York qui se séparent pour ménager leur retraite, le premier sur Amsterdam, le second sur le Hanovre. — Chute de Bois-le-Duc et de Nimègue. — Cantonnements des Français entre la Meuse et le Wahal. — Opérations de l'armée de Sambre-et-Meuse sous Jourdan contre Clairfayt.—Batailles de l'Ourthe et de la Roer.—Les Autrichiens rejetés au delà du Rhin. — Opérations combinées des armées du Rhin et de la Moselle, sous Michaud, contre les Prussiens. —Prise de Treves. — Retraite des Prussiens derriere le Rhin. — Campagne d'hiver. — Conquête de la Hollande. — Les Français sur l'Ems. — Paix de Bâle. — Abandon par la Prusse de la rive gauche du Rhin.

Le stathouder, voulant couvrir Berg-Op-Zoom, Bréda, Gertruydemberg contre Pichegru qui les menaçait avec soixante-dix mille hommes, et assurer sa retraite la plus directe sur Amsterdam, crut n'avoir rien de mieux à faire que de se séparer du duc d'York. C'était une faute irréparable. Les Anglais n'étant plus en forces rétrogradèrent aussitôt sur la Dommel et l'Aa (1). Atteints et culbutés à Boxtel par le gros de l'armée du Nord, et rejetés derrière la Meuse, ils se réfugièrent dans le Betaw, abandonnant à leurs propres forces, c'est-à-dire aux Français, le fort de Crèvecœur, Bois-le-Duc, Grave, un matériel immense! Cependant, derrière le Wahal et les obstacles accumulés par la nature et par l'art entre le Wahal et la Meuse, communiquant par un pont de bateaux avec Nimègue et son camp retranché garni de

---

(1) Dans la direction du Hanovre.

troupes, le duc d'York pouvait se croire inattaquable. On le croyait même en mesure de prendre l'offensive au besoin, quand, maîtres de Venloo et de Grave, les infatigables républicains, à travers les canaux, les fossés, les digues et les redoutes, vinrent se ranger en demi-cercle autour de la place. Il suffit de quelques boulets, bien dirigés des deux extrémités de l'arc sur quelques bateaux, pour faire abandonner sans résistance le camp retranché, la ville, le pont lui-même et tout le Betaw (8 novembre). Les Anglo-Hanovriens se retirèrent entre le Rhin et l'Yssel. Ils laissaient l'armée du Nord maîtresse de la ligne du Rhin hollandais, libre de prendre ses cantonnements sur les bords de la Meuse et du Wahal, et de rallier celle de Sambre-et-Meuse arrivée sur le Rhin allemand.

Contre quatre-vingt-cinq mille Autrichiens, disséminés de Ruremonde, au confluent de la Roër, jusqu'au confluent de l'Ourthe, en face de Liége, Jourdan, au début de la campagne, n'avait pas moins de cent quinze mille hommes. Ils étaient échelonnés en arc de cercle depuis le confluent du Jaar jusqu'à celui de la Sambre, c'est-à-dire de Maëstricht à Namur, quand fut donné à la droite, sous Schérer, l'ordre de franchir la Meuse et de marcher sur l'Ourthe. La gauche ennemie, sous Latour, essaya vainement de tenir entre l'Ourthe et l'Ayvaille, sur les hauteurs de Sprimont. Assaillie en flanc et de front, il fallut, après un violent combat, se replier sur le gros de l'armée impériale. Les Autrichiens alors se retirèrent sur Aix-la-Chapelle, au centre du triangle formé par la Vesder, la Meuse et la Roër. La marche de Schérer sur Limbourg ayant compromis de nouveau leur gauche, ils reculèrent sur la Roër, dont le successeur de Cobourg, Clairfayt, avec toutes ses forces, prit et fortifia la ligne redoutable de Dueren à Ruremonde, le centre en avant sur le plateau d'Aldenhoven. Mais à la voix de Jourdan, « cent mille hommes partagés en cinq colonnes s'ébranlèrent sur tout cet espace avec autant d'ensemble que de précision, culbutèrent l'ennemi sur tous les points, et le chassèrent de Juliers... (1) » jusqu'au Rhin, qu'il fallut repasser avec perte de dix mille hommes (5 septembre). L'occupation de Cologne, de Bonn et d'Andernach, et la capitulation de Maëstricht avec sa garnison de dix mille hommes et ses trois cents pièces de canon, permirent aux vainqueurs de donner la main par Clèves à l'armée du Nord, et par Coblentz à l'armée de la Moselle.

Celle-ci devant les Prussiens, disséminés de Sarrebruck à Gemersheim, n'était que l'aile gauche de l'armée du Rhin dont elle portait l'effectif, sous le général Michaud, à soixante-quinze mille hommes. Il suffit, par un mouvement combiné à travers les Vosges septentrionales, de les concentrer entre Kayserslautern et Landau pour couper la ligne ennemie et rejeter sur Manheim, avec perte de trois mille hommes, les Prus-

---

(1) Théoph. Lavallée.

siens en désarroi (17 juillet). Mais affaiblis par un détachement considérable, qui alla s'emparer de Trèves et prit entre les armées allemandes de la Roër et du Rhin une position menaçante, mais des plus téméraires, les vainqueurs restés sur le Spirebach ne purent empêcher sur Kayserslautern un retour offensif qui nous coûta quatre mille hommes. Les succès de Jourdan nous préservèrent d'un plus grand désastre en les ramenant à Coblentz. Ils permirent encore une concentration nouvelle, dont les résultats immédiats furent le blocus de Mayence comme de Luxembourg et la prise de Rhinfels.
« Alors les quatre armées du Nord, de Sambre-et-
» Meuse, de la Moselle et du Rhin se donnèrent la
» main sur le grand fleuve de Bâle jusqu'à la mer
» (2 novembre) (1). »

Cependant l'armée du Nord, bien que mal payée, mal nourrie, à peine vêtue, oubliait le repos dont elle avait tant besoin, et ne voyait dans un froid de dix-sept degrés qu'une occasion de conquérir la Hollande. Le centre, cantonné devant l'île de Bommel, « passa la Meuse gelée, surprit les Hollandais dispersés et se rejeta sur Gorcum. » La droite passa le Wahal à Nimègue, puis le Leck à la suite des Anglais, qui, sous le successeur du duc d'York, Walmoden, se replièrent derrière l'Yssel. Arnheim, Utrecht, Amersfort ouvrirent leurs portes sans résistance. Le premier pluviôse

---

(1) Lavallée.

(20 janvier 1795) Pichegru, accompagné de trois représentants de la Convention, fit son entrée dans Amsterdam aux acclamations des patriotes persécutés. Le même jour, à la suite du stathouder Guillaume V, qui allait abdiquer entre les mains des États généraux et passer en Angleterre avec une partie de la flotte, la gauche maîtresse de Berg-Op-Zoom, de Bréda, de Gertruydemberg, traversait le Biesboch sur la glace pour mettre la main sur Dordrecht, Rotterdam et la Haye. La capitulation de toute la Zélande, la retraite des Anglais sur l'Ems, et leur embarquement à Hambourg, enfin l'enlèvement à l'abordage par nos hussards de la flotte néerlandaise prise dans les glaces du Texel, terminèrent cette merveilleuse campagne, qui donna sa première sœur à la république française. Moyennant l'abandon de la Flandre septentrionale, de Venloo et de Maëstricht, avec droit de garnison dans Grave, Bois-le-Duc, Berg-Op-Zoom et Flessingue, cent millions de florins, la libre navigation de ses fleuves, et son concours offensif et défensif contre l'Angleterre, la République Batave obtint la paix et la garantie de son indépendance.

D'un autre côté, la dépossession du stathouder, l'arrivée sur l'Ems des Français prêts à déborder en Westphalie, la perte de Clèves et de Juliers, et le blocus de Mayence firent comprendre à Frédéric-Guillaume que le moment de traiter était venu. L'abandon de la rive gauche du Rhin fut pour la Prusse la première condition de la paix de Bâle (5 avril 1795), qui entraîna la neutralité de la Saxe, des deux Hesses et du Hanovre, ses alliés naturels. L'Espagne elle-même, menacée en Catalogne et en Navarre d'une double et irrésistible invasion par la perte des lignes de la Mouga et de la Bidassoa, la chute de Figuières et de Saint-Sébastien, céda (22 juillet) sa part de l'île de Saint-Domingue. Elle fit même espérer, ayant les mêmes intérêts que la France, une coopération prochaine pour délivrer la Méditerranée de la marine anglaise et l'Italie des armées autrichiennes. Le grand-duc de Toscane avait traité depuis quatre mois (9 février). Le Portugal, Rome, Naples et Parme envoyèrent leurs excuses ou leur déclaration de neutralité. Il ne restait plus que l'Angleterre, qui, depuis le désastre des émigrés à Quiberon et la pacification de la Vendée et de la Bretagne, ne pouvait nous atteindre, malgré sa victoire navale du 1er juin (1794), le Piémont et l'Autriche avec une partie de l'empire, à qui les victoires de Bonaparte allaient imposer les compléments du traité de Bâle : ceux de Turin et de Campo-Formio.

La coalition austro-prussienne se dédommagea sur la Vistule de ses pertes sur le Rhin, en achevant avec la Russie le démembrement de la Pologne expirante (24 octobre 1795). Et cependant, douze ans plus tard (1807), le vainqueur des trois puissances spoliatrices, maître de Berlin après l'avoir été de Vienne, était à Varsovie, en mesure de décréter sa résurrection.

III

GUERRE POUR LA DÉFENSE DES LIMITES DU RHIN ET DE L'ADIGE.

1799-1802.

I. — Causes et préparatifs de la lutte (1797-1799).

Propagande démocratique du Directoire. — Républiques cisalpine, — ligurienne, — romaine, — helvétique, — parthénopéenne. — Annexion de Mulhouse, de Genève et du Piémont à la France, de la Toscane à la république ligurienne. — Deuxième coalition. — Six armées à la frontière, du Zuyderzée au golfe de Tarente.

Le traité de Campo-Formio (17 octobre 1797) imposait à l'Autriche, outre la cession de ses provinces belges à la République française, et l'abandon de la rive gauche du Rhin, la cession de la Lombardie à la République cisalpine, et l'abandon de la rive droite de l'Adige. Cette paix si glorieuse et si populaire, négociée par le général Bonaparte, n'était pas moins rationnelle, même au prix de Venise, débouché naturel du commerce allemand dans l'Adriatique. Ce ne fut malheureusement qu'une trêve, par la faute du Directoire qui rompit les conférences de Lille plutôt que de laisser à l'Angleterre la Trinité, le Cap et Ceylan, mécontenta la Russie en gardant les îles Ioniennes, et indigna la Turquie en attaquant l'Egypte. Son maintien d'ailleurs était incompatible avec la propagande fatale d'une démocratie partout encouragée qui ne reconnaissait pas de frontières.

Déjà pour une insulte à l'envoyé de France compromis dans une sédition, et, sur une simple menace lancée de Milan par l'organisateur de la Cisalpine, l'aristocratie génoise avait abdiqué et subi la République ligurienne (avril 1797). A la suite d'une insurrection vaincue et poursuivie jusque dans le palais de notre ambassadeur par les troupes pontificales qui y tuèrent le général Duphot, le commandant en chef de notre armée d'Italie, Berthier reçut l'ordre de marcher sur Rome. Il y entra sans obstacle; et put voir, du château Saint-Ange, proclamer dans l'ancien *forum* le rétablissement de la République romaine (15 février 1798), pendant que l'infortuné Pie VI venait, d'étape en étape, par Pise et Savone, mourir à Valence.

Appelé par les Vaudois, nos voisins et nos protégés depuis deux siècles, contre leurs maîtres, les Messieurs de Berne, complices de l'émigration et de l'agent anglais Wickam, le gouvernement français détacha sur la Suisse deux divisions de l'armée d'Italie et du Rhin. L'une descendit la Sane jusqu'au-dessous de Fribourg, l'autre remonta l'Aar jusqu'au-dessus de Soleure. Tous les efforts de 20,000 montagnards fanatiques sous d'Erlach, échouèrent contre cette manœuvre habile et vigoureuse de Brune qui fit tomber simultanément, au Nord et au Sud, les positions formidables de Fraubrunnen et de Neueneck, découvrit Berne et la livra dévastée et sanglante à nos soldats et aux démocrates. La diète d'Arau, en décrétant une constitution modelée sur celle de France, donna le signal de l'insurrection contre toutes les aristocraties cantonales. La République helvétique, une et indivisible, fut proclamée (12 avril 1798), la libre navigation des fleuves de France et de Suisse reconnue, une alliance offensive et défensive acceptée, ou imposée partout, enfin une double voie stratégique par la rive droite du Rhône et le Simplon jusque dans la Cisalpine, par la rive gauche du Rhin et du lac de Constance jusqu'en Souabe, proposée et résolue. Genève et Mulhouse furent même annexées à la France; mais pour ne pas être écrasés, comme les petits cantons voisins, les Grisons appelèrent l'Autriche déjà stimulée dans ses apprêts de guerre par l'appui des subsides anglais, et les dispositions de Paul Ier qui lui offrait cent mille Russes.

Dans son dépit contre le Directoire qui lui avait refusé, au congrès de Rastadt ou plutôt aux conférences de Selz, comme compensation d'agrandissements beaucoup plus considérables, de reporter sa frontière italienne jusqu'à l'Adda et au Pô, l'empereur ne manqua pas l'occasion de reporter sa frontière allemande jusqu'aux sources de l'Inn et du Rhin par un territoire contigu au Tyrol et au Voralberg. La cour de Naples de son côté, ne pouvant obtenir amiablement une part plus large dans les dépouilles du Saint-Siége, s'était nantie de ses enclaves de Bénévent et de Ponte-Corvo. Elle s'en serait contentée, sans doute, malgré l'occupation menaçante de Malte par l'armée d'Egypte, sans la défaite navale d'Aboukir qui emprisonnait dans sa conquête le vainqueur des Pyramides. Mais en apprenant la formation des armées turques de Syrie et de Rhodes, et la marche des Russes dans la Pologne, l'exaltation de la toute-puissante reine Caroline, sœur de Marie-Antoinette, « contre les athées et les régicides » s'éleva au paroxisme de la fureur. L'amiral Nelson revenu des bouches du Nil pour réparer sa flotte à moitié détruite, dans les ports des Deux-Siciles, fut reçu en triomphe à Naples, et le cinquième de la population virile abandonné à l'Autrichien Mack pour l'expulsion des Français de la péninsule. « Heureusement que si tout était préparé pour les envelopper et les perdre tous, rien ne l'était pour les battre auparavant. » (THIERS.)

Des soixante mille hommes dont il disposait, le grand tacticien, à la tête de quarante mille, s'avança en cinq colonnes, par longues files désordonnées et parallèles, les deux extrêmes suivant le double littoral par les Marches et le long des Marais Pontins vers Ancône et

Ostie ; les trois autres, la grande route centrale des invasions vers Terni, au confluent du Veliuo et de la Nera, vers Magliano et Rome sur le Tibre moyen et inférieur. Une sixième division, transportée par l'escadre anglaise à Livourne, devait soulever la Toscane derrière nos dix-huit mille soldats imprudemment dispersés d'une mer à l'autre sur les deux revers de l'Apennin. Championnet, leur général, en évacuant la ville éternelle où Ferdinand IV fit une entrée triomphale, n'eut qu'à se concentrer en arrière dans une forte position, entre Civita-Castellana (l'ancienne Véies) et Civita-Ducale, pour repousser les attaques décousues des bandes napolitaines, les enlever ou les disperser successivement, et reprendre « au pauvre roi » son surnom de *libérateur* de Rome.

Mack essaya vainement de reporter toutes ses forces sur Terni où il aurait dû les conduire d'abord, et de les rallier aux pieds des montagnes de Frascati et d'Albano ; tranquille du côté de la Toscane qu'observait un faible détachement, Championnet les ramena, l'épée dans les reins et par toutes les routes, jusque sous le canon de Capoue. La démoralisation et la fureur des soldats qui se joignirent au peuple pour crier à la trahison, ne permirent pas à leur général de défendre la ligne redoutable du Volturno, ni d'observer un armistice qui stipulait sa retraite sur l'Ofanto. Mack ne se crut en sûreté que dans le camp du vainqueur généreux qui lui laissa son épée et le fit asseoir à sa table.

Quant à la cour humiliée et tremblante de Naples, elle venait de passer en Sicile avec ses trésors et ses meubles sur la flotte de Nelson, abandonnant aux lazzaroni armés contre les patriotes, le soin de défendre leur capitale. Ils le firent beaucoup mieux que l'armée royale. Mais ayant laissé prendre un de leurs chefs dans un assaut et perdu le fort Saint-Elme livré par la bourgeoisie aux Français, il fallut mettre bas les armes et subir la République *parthénopéenne* (23 janvier 1799).

C'était la sixième sœur!... Un embarras toutefois plutôt qu'une ressource que se donnait la France. Il lui devenait plus facile, et moins coûteux, de faire des républiques ou de les agrandir que de les gouverner et de les défendre. L'administration dictatoriale et les concussions de Championnet soulevèrent les Calabres et le firent remplacer par leur conquérant Macdonald (1). En attendant qu'une simple notification réunît la Toscane à la république ligurienne, un décret et quelques régiments avaient suffi pour annexer le Piémont à la République française comme Gênes et Mulhouse, et pour reléguer dans son île le roi de Sardaigne (8 octobre 1798).

Maintenant que la neutralité de la Suisse n'existait plus pour réduire aux deux lignes courtes et isolées du

---

(1) Macdonald était d'une famille irlandaise, à plus d'un titre chère a la France. Lyon, depuis quelques mois, en possède un rejeton gracieux uni à une autre illustration militaire; au maréchal Canrobert, qui a mérité comme Turenne le surnom de Père du soldat.

Rhin et des Alpes, les points de notre frontière orientale accessibles à l'invasion, il fallait trois cent mille hommes pour la couvrir sur une ligne continue, près de quatre cents lieues ! du Zuiderzée au golfe de Tarente. Mais d'après le principe exagéré que « les clefs de la plaine sont dans les montagnes ; que le maître des sources l'est aussi des bouches, » la possession du plateau culminant de l'Europe, en permettant de déboucher sur le Danube, sur l'Inn, sur l'Adige, nous donnait en retour un avantage immense pour l'offensive. Le Directoire, sans avoir sous les armes plus que la moitié des forces qu'on lui opposait, résolut de la prendre contre l'Autriche. C'était, la Prusse restant neutre et l'Espagne amie, le seul membre vulnérable de la coalition nouvelle, où l'Angleterre venait de faire entrer, avec les rois dépouillés de Sicile et de Sardaigne, la Russie et la Porte Ottomane.

De trois corps d'observation qui s'organisaient à Naples sous Macdonald, en Hollande sous Brune, à Mayence sous Bernadotte, les deux extrêmes devaient, gardant les républiques parthénopéenne et batave, s'opposer au débarquement prévu des Anglo-Siciliens et des Anglo-Russes, et l'autre, gardant les anciens électorats du Rhin, au mouvement éventuel des princes allemands soumis à l'Empereur. De trois armées actives qui, échelonnées le long de la frontière austro-germanique, tenaient sous Schérer la république Cisalpine, sous Masséna la république Helvétique, et sous Jourdan le Rhin de Bâle à

Strasbourg, celle de droite était en présence de Kray, qui attendait dans la Vénétie, quarante mille Russes avec Suwarow, et celle de gauche, bien qu'inférieure d'un tiers, prête à marcher contre l'archiduc Charles qui attendait en Bavière un renfort égal sous Kortzackoff. Quant à celle du milieu, elle avait pour mission, poussant devant elle soixante et dix mille Autrichiens campés sous Hotze et Bellegarde dans le Voralberg, le Tyrol et le pays des Grisons, d'occuper le saillant des Etats héréditaires formé par les Alpes Centrales, et de réduire à l'impuissance, en les isolant, les deux armées impériales du Danube et de l'Adige.

Paris, ce 14 Avril 1863.

www.ingramcontent.com/pod-product-compliance
Lightning Source LLC
Chambersburg PA
CBHW070518100426
42743CB00010B/1861